教師論

共生社会へ向けての教師像

川野辺 敏
白鳥 絢也 著

福村出版

[JCOPY] 〈(社)出版者著作権管理機構 委託出版物〉
本書の無断複写は著作権法上での例外を除き禁じられています。複写される場合は、そのつど事前に、(社)出版者著作権管理機構（電話 03-3513-6969、FAX 03-3513-6979、e-mail: info@jcopy.or.jp）の許諾を得てください。

はじめに

　本書は，これから教師になることを目標に学ぼうとする皆さんに，教師とは一体どのような職業なのか，具体的にどのような仕事があるのか，その職業をまっとうするためにはどのような資質が求められるのかなど，教師についての基本的事項，および急速に変化する社会の中で教師としてどう学び，生きるべきかなどを念頭に置いて執筆したものである。

　教師といえば，誰しも日常親しんできた言葉であり，児童・生徒としての経験があり，昔の学校を思い出し，先生の顔が浮かび，憧れの職業ともいえるだろう。しかし，教育はつまるところ教師如何により決定されるほど重要なものであり，しかも，専門性だけでなく，人間としての生き方や人格，広い教養，対象となる子どもに対する愛や情熱に負うところが多い職業である。ある教科が得意だ，子どもが好きだ，安定した職業のようだ，といった安易な気持ちでめざすものでは決してない。子ども自身の将来はもとより，結果として国家・社会の将来にも影響を及ぼす職業であり，その責任の基本的部分を担うのが教師なのである。このため，教職に対しては厳しい免許制度を設けるほか，教師として採用された者に対しても，政治的な中立性や教育の目標や内容等に対しても基準を設け，どの教師にも遵守すべきことを法的に定めている。ただ，このことによって生きた子どもと日々対面する教師の個性を生かせないのでは意味がない。教師は基本を守りつつ個性を発揮し，結果として子ども一人ひとりの豊かな成長・発達を促す役割を果たすよう期待されているのである。

　この，いわば教師の基本的な立場を土台にしながら，教師は社会の急速な変化に対応しなければならないという使命を担っている。日常の生活が変わり，経済状況や科学技術が変化し，国や地方の体制が変わり，国と国との関係が変わり，世界の動向により国の対応も変わるといった状況のもとで，教育も変化せざるをえないのが今日である。過去の教育観にこだわるのでなく，新しい時代の教育をめざしてほしい。よく言われる「不易と流行」の両面から教師のあり方を考えていただきたいのである。

　本書では，このような問題意識から，教育の基本を押さえながら，変化する

社会状況に対応できる教師の姿を示すことに留意している。したがって，従来型の学校内のみで働く教師という視点でなく，これからの学校教育のあり方を念頭に置き，家庭・地域社会との連携，さらには世界的に模索される平和で共生できる社会をめざす教師像を示している。テーマの構成も「第1章　教師とは」「第2章　教師の仕事」「第3章　授業実施上の心得」「第4章　子どもとの接し方」といった教師の基本に当たる章を設けたほか，「第5章　父母・地域との連携」「第6章　共生社会へ向けての教師」といった章を設けたのはこのような考え方に立っているからである。本書を通じて，教師の基本とともに将来の新しい社会に生きる子どもの教育に携わる教師のあり方を学んでいただければ幸いである。

2013年8月

川野辺　敏・白鳥絢也

目次

はじめに（3）

第1章　教師とは　　　　9
　1　教育とは（10）
　2　教師とは（11）
　3　教師に求められる資質——人間性・教職の専門性と多面性（13）
　4　専門職である前に，まず日常性を（16）

第2章　教師の仕事　　　　19
　1　子どもを知ろう——子どもの現状・子どもの特性（20）
　2　教育の目標を押さえる——基本法・指導要領の求めるもの（27）
　3　法律上の立場を知る——法的位置づけ・教師の職務（34）
　4　授業の担当者として
　　　——指導上の原則・教材の活用・子どもの多様性への着目（38）
　5　生徒指導の担当者として
　　　——子どもの言動や心情への配慮・諸活動の組織（45）
　6　学級・学年・学校運営の参加者として（51）

第3章　授業実施上の心得　　　　59
　1　授業の前に（60）
　2　授業の心得——授業の4要素・授業のスタイル（61）
　3　先人たちの実践を参考に
　　　——ルソー，ヴィゴツキー，デューイ，マカレンコ，ピアジェ，シュタイナー（63）
　4　「調和」の大切さ（68）

第4章　子どもとの接し方 ══════════ 71
　1　子どもとともに上るという姿勢（72）
　2　見るということ（73）
　3　聞くということ（74）
　4　言葉の重み（75）
　5　書くということ（76）
　6　感じるということ（77）
　7　「雰囲気」の重要性（78）

第5章　父母・地域との連携 ══════════ 81
　1　父母・地域との連携の視点（82）
　2　連携の可能性の模索（83）
　3　連携を活性化するために（85）

第6章　共生社会へ向けての教師 ══════════ 89
　1　学習社会への期待の高まり（90）
　2　これからの教育への視点（91）
　3　学習社会が共生社会の原点（95）

資料編 ══════════ 99
　1　日本国憲法（抄）（100）
　2　教育基本法（101）
　（旧）教育基本法（105）
　3　学校教育法（抄）（106）
　4　学校教育法施行規則（抄）（120）
　5　幼稚園教育要領―総則―（133）
　6　学習指導要領―小学校総則―（134）

7　学習指導要領―中学校総則―（138）

8　学習指導要領―高等学校総則―（抄）（143）

9　特別支援学校幼稚部教育要領―総則―（150）

10　特別支援学校小学部・中学部学習指導要領―総則―（151）

11　特別支援学校高等部学習指導要領―総則―（抄）（160）

12　教育公務員特例法（抄）（169）

13　教育職員免許法（抄）（172）

14　今後の教員養成・免許制度の在り方について（答申の概要）（183）

15　教職生活の全体を通じた教員の資質能力の総合的な向上方策について（答申の概要）（191）

16　社会教育法（抄）（203）

17　生涯学習の振興のための施策の推進体制等の整備に関する法律（抄）（206）

第1章
教師とは

1　教育とは

　教師は「教育」にかかわるきわめて重要な仕事を担う専門職であるということは誰でも承知していることであるが，その教育とは何かというと明確な定義がしにくいものといえる。これまでも，先人たちが教育とは何かということを定義しているが，人により時代によりそれぞれ異なっている。ルソーは教育を「自然の教育」「事物の教育」「人間の教育」に分類し，「われわれの能力や器官の内部からの発達は自然の教育であり，この発達を行使するように人に教えるのが人間の教育であり，われわれに影響する事物について特有の経験を習得することが事物の教育である」（『エミール』，1762）と述べ，また，デューイは「教育は経験の絶えざる再組織あるいは改造である」（『民主主義と教育』，1916）と述べている。

　これまでの日本の教育の定義をみると，「人間に対する愛から発し，対象となる人間を価値あるように成長させる社会機能である」（海後宗臣『教育事典』，1966），「教育とは人間に対し，これを望ましい形に変えようとしてさまざまな方法で力を及ぼしていく働きである」（同『家庭教育指導事典』，1969）と定義され，これが一般的に用いられてきた。

　しかし，近年では生涯学習の時代を反映して，また「自ら学ぶ力」が強調される時代を反映して，「教育とは，人間が他の人間に対して，その生きる力を増し強める自己学習の援助を，意識的に行う行為である」（桑原敏明『要説教育制度』，2011）といった定義も出てきている。

　特に20世紀の中葉以降「生涯学習」の思想が一般化すると，従来考えられてきた教育＝学校教育という考え方に転換が求められるようになったのである。教育は学校の場で営まれるのは当然であるが，学校教育（フォーマルな教育）以外に，公民館・図書館・博物館などで行う教育（ノンフォーマルな教育），さらには家庭や地域社会を通じて無意識に営まれる教育（インフォーマルな教育），そしてテレビや読書などによる自己学習があり，それらによって子どもも成人も成長するのであり，教育とはそれらの総合的な営みの結果と考えられるようになったのである。学校はそのようなとらえ方の中で，「生涯学習の基礎を培

う場」と位置づけられるようになっている（第2章2（2）参照）。

　このように，教育の考え方は時代により，識者により微妙に変化しているが，変化の激しい，また，人間の価値観の多様化した今日，学校教育はこれからの時代を生きる人々に対し，充実した人生を送りうるように，生きがい（自ら学び・自ら心豊かに生きる力）を保障する土台を作ることであり，人間各人がもつ能力を，人為的に，社会的に発達できるように影響を及ぼす作用であるといえる。狭義で「教師」という場合，主として青少年を対象として，よりよく生きる力を増し強める基礎を育てる仕事に従事する専門職ということになるが，学校内の指導にとどまらず，家庭・地域を含めた広い視点で子どものその後の人生を豊かに生きられるような力を与えてほしい。そして，教職は好むと好まざるとにかかわらず，子どもの人生に大きな影響を与える職業なのである。自己の責任の重さを十分理解し，職務に励んでいただきたい。

2　教師とは

　教育という重要な任務の中でも，最も中心になるのは「学校」（幼稚園・小学校・中学校・高等学校・大学・専門学校等「学校教育法第1条」に定める学校）等で，その子女の教育を任されるのが一般的に教師（法的には教員）とよばれている。教師の性格としては「聖職者」「全体への奉仕者」である，あるいは「労働者」である，といった論があり，一時対立した時代があったが，今日では「専門職」として扱われている。

　では，専門職とはというと，これにも多くの考え方があるが，「認識（科学または高度な知識）に裏付けられ，それ自身一定の基礎理論を持った特殊な技能を，特殊な教育または訓練によって習得し，それに基づいて，不特定多数の市民の中から任意に提示された個々の依頼者の具体的要求に応じて，具体的奉仕活動を行い，よって，社会全体の利益のために尽くす職業である」（石村善助『現代のプロフェッション』，1969）といった定義が参考になろう。しかし，この定義は専門職の定義であり，「教育の専門職」に当てはまるとはいえない。教育の専門職であるためには，これにプラスして，教職に対する強い情熱，部分的な専門

のみならず幅広い教養、豊かな人間性などが求められる。中央教育審議会（略称：中教審）義務教育部会では、教師像についても検討を進めてきているが（内容は次の「3 教師に求められる資質」参照）、ここでも当然なこととして、教育に対する情熱・人間性を含めた総合的な力を求めている。教職の専門性は他の職業、一般の専門職と異なり、生きた人間を対象とする職であるため、教師の生き方や心の問題が強く影響する。特色をもった専門職であることを心にとどめておかなければなるまい。

　このような専門職としての任務を適切に遂行できるように、国は学校の特殊性や段階を考慮し、教師としての資格を細かく定め、また、採用についても細心の注意を払っている。養成については、国の認定を受けた大学で教職課程の教育を受け、必要な単位を取得し、教員免許状を取得することが基本的条件となっている。それらの具体的な内容は「教育職員免許法」（1949〔昭和24〕年制定。その後幾多の改定を経ており、最近の改定は2008〔平成20〕年6月）に詳細に示されており、学校別・免許の種類別（1種・2種・専修）に「教職基礎科目」「教職に関する科目」「教科に関する科目」「教育実習」など必要な履修単位を定め、専門的な教育を受けたものにのみ資格が与えられる制度になっている。

　こうして、教員免許状を取得しても、直ちに教師になれるわけではない。公立学校の教師になるためには、都道府県が実施する「教員採用試験」（正式には「公立学校教員採用選考試験」）に合格しなければならない。採用する教員の数は年々変更があり、倍率の高い時期や高い県など一律ではないが、近年でも、一般には4～5倍の倍率があり、「難関」な職種になっている。この選考試験（学力・経験・人物などを総合的に評価）に合格して初めて、教員として採用されることになる。なお、私学の場合の採用方法は多様であるが、「一般公募」「独自の採用試験」「在職・退職教員の紹介」などにより、自校の建学の精神や校風などに配慮した選考が行われている。

　以上が教師に採用されるための条件であるが、近年、社会の変化や学校教育の改革などの背景のもとに、多様な人材の登用が進行中であり、市町村が独自の予算で教員を採用したり、企業等で豊富な経験をもつ人材を校長や教頭など

管理職に登用する制度も設けられてきたが，これらいわば柔軟な採用制度をいかに構築するかは今後の課題となっている。

3　教師に求められる資質——人間性・教職の専門性と多面性

　教師は前述のように専門職であるが，高度な知識技能の前に，まずもって人間であるという，当たり前のことを自覚しなければならない。家族や地域社会の中で生きている人間であり，個人的には日常生活の中で喜び悩み苦しみ，物質的にも精神的にも豊かな暮らしを求めて生きているごく一般的な人間であり，その日常生活の中でどう生きているかということが重要なのである。すでにふれたように，一時，教師は聖職か労働者かという議論があり，一般の労働者と同じように学校を離れれば何をやっても自由という風潮もあったが，子どもを育てる職である以上，聖職とはいわないまでも日常生活上立派な市民であることが求められるのは当然である。ただし，教職である以上さらに望ましい資質が期待される。それらをあげてみると，子どもが好きであること，子どもの教育に情熱をもっていること，人間の喜びや悲しみに敏感であり，また自然・社会の動きに関心があり，自分自身が学び向上することに意義や喜びを感じられる人であることなどが求められよう。

　教師は同時に専門職であるという立場からも多くのことを求められる。詳細の内容は「第2章　教師の仕事」にゆだねるが，ここでは専門職としての基本的事柄についてふれておきたい。まず，学校の位置づけ・使命・目的について十分理解しておいてほしい。子どもが好きだから，安定した職業だから，女性に適した職だから，などと安易に教職を選んで教師になったのでは，本人にとっても，また子どもたちにとっても不幸なことである。学校は「人格の完成をめざし，平和で民主的な国家及び社会の形成者として必要な資質を備えた心身ともに健康な国民の育成を期して行われなければならない」（「教育基本法」第1条）という崇高な使命を負った教育の場なのであり，その役目を担うのが教師なのである。この基本的な思想のもとに，各種の法律が定められ，学習指導要領が設定され，教科書が作成され，教材が配置されている。

第二に，学校は孤立した，社会とかけ離れた存在ではないという認識である。過去において学校は知識・技術を集中的に授ける場であるととらえられ，「学歴社会」の風潮に引きずられて進学や有利な就職のための機関であり，そのため地域社会から孤立した場であり，「教授」（教え込み）を行う機関とみなされてきた。しかし，これからの社会は「変化」を前提としてとらえなければならず，また生涯にわたって学ぶことにより，よりよい人生を送ることが可能であるという生涯学習の思想が一般化してきた。そして，そのような学びの場や機会がもてる社会状況になっている。したがって，生涯学び，生きる基礎を培う場が学校なのである。生涯学べるようになるためには，まず子ども個々人の特性に応じて，基礎基本をしっかり身につけることが求められる。基礎基本の土台のないところに優れた建築物が作れないように，子どもにしっかりとした土台作りを行うのが学校なのである。近年，子ども自身による学びが強調され，教師が教えることをためらう風潮があるが，これは慎まなければならない。「子どもがよく学べるようになるには，よく教えなければならない」という教育学の原則を頭に入れておかなければならない。そのうえで，それにとどまることなく，子どもの自主性・創造性を喚起する仕事が加わることになる。教えるだけでは専門職ではないし，学ばせるだけでも専門職ではない。両者の重要性をしっかり認識して，指導にあたってほしい。なお，2011（平成23）年度以降に導入された学習指導要領では，前述のような「確かな学力」に加え，生涯学習の基礎ともいうべき「思考力・判断力・表現力」および「学習意欲」の育成を強く求めていることも，十分配慮しなければならない。

　第三に重要なことは，知識と体験の結合である。机上の知識は必要であるが，それを実際の生活と結びつけることが求められる。机上の知識はそれが生活の場面で，あるいは生活の周辺で生きていることに気づき，それを活用して生きた知識に転換することにより子ども自身にも，社会全体にも意味があり，子どもの学ぶ喜びにもつながるものである。歴史的な視点，社会的広がりの視点で，教科と結びついた体験を行うことは，子どもの学びの習慣化（生涯学習の基礎）に欠かせないものである。

　このことは，学校と父母・地域との連携の必要性を招来する。学校内だけで

は，教師だけでは，これからの教育は成り立たないのである。地域の成人や専門家，あるいは父母の協力がなければ，子どもの学びに刺激を与え，おもしろさを喚起することは難しい。つねに学校外の機関・人と連携し，また自然や社会の状況に目を配り，協力を得て学習を進める態度が専門職としての教師に求められるのである。さらに具体的な問題を考えてみても，教室内の生徒数はしだいに縮小しつつあるが，数十人の子どもをかかえて，十分に基礎基本を身につけさせるのは至難の業であろう。わかりやすい授業をめざし，授業計画を綿密に行い，教材に工夫を重ねて授業を行っても，クラス全員が理解できることはまれであろう。学年が上昇するにつれて落ちこぼれは一般化し，学校嫌い・不登校の原因になりかねず，また，いじめや暴力も起こしかねない。そこで，父母の協力，授業への参加を念頭においていただきたい。わからない子の補助として，あるいはわかりの早い子の補助として，父母の力を借りるのは，専門職にとって不名誉なことではない。子どもにとってわかる授業を行うのが使命であり，そのために父母の助力を求めるのであれば，それこそ専門職なのである。このことを十分理解し，開かれた学校，開かれた授業作りを念頭に置いてほしい。

　以上のような多様な要求に応えなければならない使命を帯びているが，2005（平成17）年10月の中央教育審議会答申「新しい時代の義務教育を創造する」においては，「教育は人なり」という発想のもとに，優れた教師の条件について，①教職に対する強い情熱（仕事に対する使命感や誇り，子どもに対する愛情や責任感，つねに学び続ける向上心など），②専門家としての確かな力量（子ども理解力，児童・生徒指導力，集団指導の力，学級作りの力，学習指導・授業作りの力，教材解釈の力など），③総合的な人間力（人格形成にかかわる1人の人間として豊かな人間性や社会性，常識と教養，礼儀作法をはじめ対人関係能力，コミュニケーション能力など）の3つにまとめている。ここではきわめて端的に教師の資質をまとめているが，これらのことも，つねに念頭に置いて日々の活動を行うのが教師であるといえる[1]。

4 専門職である前に,まず日常性を

　教師は専門職であるが,その前に1人の人間でなければならないと書いたが,このことは人間個々人の生涯にわたる課題でもある。人間は生命のある生き物であり,生きていくためにいろいろな本能を駆使して生きている。アメリカの心理学者マズローは人間がもつ「欲求」を5段階に分け,「生理的欲求」「安全の欲求」「所属と愛の欲求」「承認の欲求」「自己実現の欲求」としており,人間の成長にしたがって欲求の段階が高まり,自己実現の欲求に到達することを期待している。彼によれば「自己実現」をめざして生きている人間が人間らしい人間であるととらえられる。なお,このような考え方とは別に,人間の成長を社会化のプロセスととらえ,それぞれの段階に横たわる課題をクリアしていく努力をするのが人間になることであるといった発達の段階説を主張する学者も存在する。ハヴィガーストは人間の発達を6段階に区分し,その段階をクリアすることで,人間として成長すると考えているのである。また,エリクソンは同様に,人間の発達を「個人の欲求と社会的期待」との相互作用の所産と考え,乳幼児期から円熟期を8段階に区分し,例えば学童期には「勤勉対劣等感」の対立があり,それを克服する過程で成長・発達していくのだと論じている。

　このほか,人間は社会的な存在であり,家族の一員として,地域社会や職場の構成員として,国家・社会全体の一員として,さらに地球市民として,自らに恥じることのない生活者であることを求められている。この当たり前のことが,つねに念頭にあるだけでなく,必要な行動にまで転化できているかどうかが問われるのである。具体的に身近な生活を考えてみると,家族と仲良く生活できているか,近所の人々と協力して,地域の問題にかかわっているか,勤務先(学校)の教師とコミュニケーションをとり,協力して子どもの教育に全力を尽くしているか,公民としての役割を十分果たしているか,などについて問題がない人間かどうか,考え,反省し,行動できているか,などが問われるのである(なお,これらについては,第5章でふれているので参照されたい)。

　最近の所説の中で注目されるものに,ユネスコの「21世紀教育国際委員

会」の報告書「学習――秘められた宝」（1996）がある。ここでは，人間のあり方というより，生涯学習社会の中での学習のあり方を述べているのであるが，「知ることを学ぶ」「なすことを学ぶ」「共に生きることを学ぶ」「人間であることを学ぶ」の4本の柱を主張している。根底には「人間は生涯にわたって学ぶ存在であり，学ぶことによって生きがいや生きる喜びを感じとれるものである」という思想がうかがえる。知ることを追求する人間，知識を行動に生かす人間，他の人々と協力して生きていこうとする人間，それらを通して生きていこうとする人間こそが，人間らしい人間であるととらえている。

　以上，人間として日常どう生きるかについてのヒントをあげてみたが，このような考え方を土台に置きながら，教師である以前に，日常の生活の中で自己を律し，鍛えていくことが重要であると考える。

注
1)　「教員に求められる資質能力」については，以下の3つの答申をおさえておく必要がある。
　　・1997（平成9）年7月1日　教育職員養成審議会第一次答申「①いつの時代にも求められる資質能力，②今後特に求められる資質能力，③得意分野を持つ個性豊かな教員」
　　・2005（平成17）年10月26日　中央教育審議会答申「新しい時代の義務教育を創造する」
　　優れた教師の条件「①教職に対する強い情熱，②教育の専門家としての確かな力量，③総合的な人間力」
　　・2012（平成24）年8月28日　中央教育審議会答申「教職生活の全体を通じた教員の資質能力の総合的な向上方策について」
　　（ⅰ）教職に対する責任感，探究力，教職生活全体を通じて自主的に学び続ける力（使命感や責任感，教育的愛情）
　　（ⅱ）専門職としての高度な知識・技能
　　　　・教科や教職に関する高度な専門的知識（グローバル化，情報化，特別支援教育その他の新たな課題に対応できる知識・技能を含む）
　　　　・新たな学びを展開できる実践的指導力（基礎的・基本的な知識・技能の習得に加えて思考力・判断力・表現力等を育成するため，知識・技能を活用する学習活動や課題探究型の学習，協働的な学びなどをデザインできる指導力）
　　　　・教科指導，生徒指導，学級経営等を的確に実践できる力

（ⅲ）総合的な人間力（豊かな人間性や社会性，コミュニケーション力，同僚とチームで対応する力，地域や社会の多様な組織等と連携・協働できる力）

参考文献
天城　勲（監訳）『学習・秘められた宝――ユネスコ「21世紀教育国際委員会」報告書』ぎょうせい，1997
石村善助『現代のプロフェッション』至誠堂，1969
宇留田敬一『教育事典』小学館，1969
川野辺　敏・立田慶裕（編）『生涯学習論』福村出版，1999
教育制度研究会（編）『要説教育制度［新訂第三版］』学術図書出版，2011
国立教育研究所内生涯学習研究会（編）『生涯学習の研究――その理論・現状と展望・調査資料』（全3巻）エムティ出版，1994
デューイ（著），松野安男（訳）『民主主義と教育』（上・下）岩波書店，1975
平塚益徳・沢田慶輔・吉田　昇（編）『教育事典』小学館，1966
村上俊亮他（編）『家庭教育指導事典』ぎょうせい，1969
ルソー（著），今野一雄（訳）『エミール（上）』岩波書店，1962
ルソー（著），今野一雄（訳）『エミール（下）』岩波書店，1964

第2章
教師の仕事

1　子どもを知ろう——子どもの現状・子どもの特性

(1) 子どもの現状

　現代の子どもたちは，受験競争の過熱化，急激な情報化社会の到来，豊かさや少子化ゆえの社会体験の不足など，豊かな人間性をはぐくむべき時期の課題をかかえている。子どもたちが家の外で近所の友だちと日が暮れるまで遊ぶといった情景は，すでに昔の物語の1コマにさえなってしまったのである。例えば，多くの子どもたちは，学校の後に塾に通い，家庭ではテレビ・ビデオ（DVD）やテレビゲームに興じることが大半であり（図2-1，2-2），自然や地域社会とのかかわりなどが希薄となっている。ベネッセ教育研究開発センター（2010）によると，テレビ・ビデオ（DVD）の視聴時間が長いほど，家での学習をほとんどしない率が高まることも明らかとなっている。なお，近年の子どもの家庭での学習時間は，世界的にみても低いものである。OECD（経済協力開発機構）が行った「国際数学・理科教育動向調査」の2003（平成15）年調査結果によると，中学生が家で宿題をする時間は，日本は1.0時間で45か国中最も少ない（国際平均値は1.7時間）。さらに，家で学習をしない子どもは学校段階が上がるにつれて増えており，総務省の「青少年の意識調査（国際比

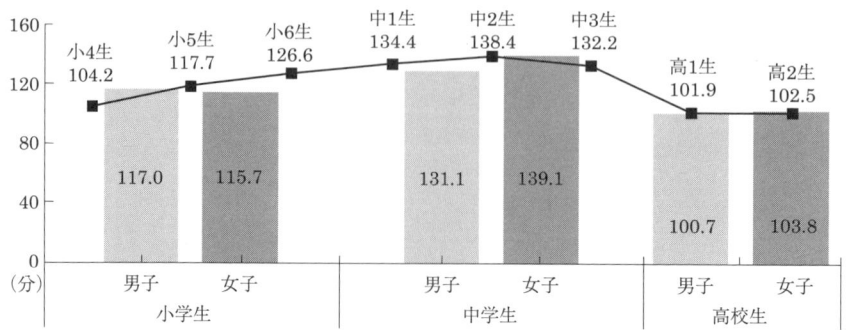

注）平均時間は「ほとんどしない」を0分，「3時間以上」を210分のように置き換えて，無回答・不明を除いて算出した。

図2-1　テレビ・ビデオ（DVD）の視聴時間〔平均時間〕（学年別・学校段階別）
出典：『第2回子ども生活実態基本調査報告書』ベネッセ教育研究開発センター，2010, p.75. より作成

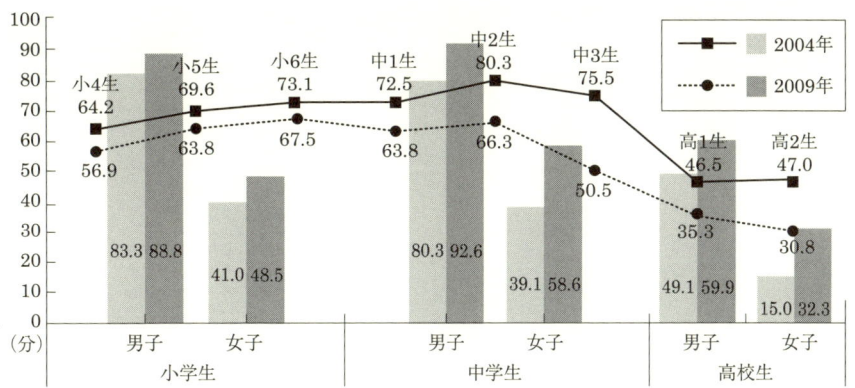

注）平均時間は「ほとんどしない」を0分,「3時間以上」を210分のように置き換えて, 無回答・不明を除いて算出した。

図2-2 テレビゲームで遊ぶ時間〔平均時間〕（学年別・学校段階別）
出典：『第2回子ども生活実態基本調査報告書』ベネッセ教育研究開発センター, 2010, p.76. より作成

較）」では, 平日の家庭学習の時間が1時間以内と答えた高校生は, 日本では70％であるのに対して, 中国では13.6％という数値を得ている。また, テレビゲームは小学生の生活時間の中でも一定程度の時間を占めており, 男子の9割弱, 女子の5割弱が普段からテレビゲームをしているという数字が得られている。さらに, 学習塾や予備校に通う子どもも多く, おおむね週に1～2日程度, 1回の授業時間は2時間程度が多い（表2-1）。

そのほかにも, 現代の子どもたちにとって携帯電話（PHS・スマートフォンを含む）やパソコン, ゲーム機, タブレット型携帯端末（iPad等）といった情報機器は身近なものとなっており, 子どもたちの生活時間の一部を占めている。内閣府（2013）の「青少年のインターネット利用環境実態調査」によると, 自分専用の携帯電話（PHS・スマートフォンを含む）を所有している小学生は24.1％, 中学生は46.2％, 高校生は97.6％となっている。また, 携帯電話（PHS・スマートフォンを含む）によるインターネット（メール, サイト閲覧を含む）の利用時間（平日の1日平均）については, 学校種別にみると, 小学生は23.3分, 中学生は76.4分, 高校生は120.9分となっており, 学校種が上がる

表2-1　学習塾や予備校について（学校段階別）(%)

		小学生 (822名)	中学生 (1799名)	高校生 (1227名)
学習塾（予備校）は，週に何日行っていますか	1日	21.3	12.4	29.2
	2日	41.4	46.9	39.1
	3日	19.0	27.5	16.2
	4〜7日（毎日）	13.2	12.8	15.1
	無回答・不明	5.2	0.4	0.4
学習塾（予備校）では，1回に何時間くらい勉強していますか	1時間未満＋1時間くらい	26.4	4.3	6.9
	1時間30分くらい＋2時間くらい	35.9	48.3	55.4
	2時間30分くらい以上	34.5	46.7	37.6
	無回答・不明	3.2	0.6	0.2
学習塾（予備校）は，どのような塾ですか	受験するための進学塾	37.3	48.6	56.3
	学校の勉強がわかるようになるための補習塾	47.8	42.8	38.1
	その他	10.7	4.2	3.2
	無回答・不明	4.1	4.4	2.4

注1）通塾している人のみ対象。
注2）「2時間30分くらい以上」は「2時間30分くらい」＋「3時間30分くらい」＋「4時間以上」。
出典：『第2回子ども生活実態基本調査報告書』ベネッセ教育研究開発センター，2010，p.101.

にしたがって平均時間は増え，特に中学生・高校生は多くの時間を情報機器に占有されていることがわかる[1]。

　学校が終わると塾へ通い，家にいる時間はテレビ・ビデオ（DVD）やテレビゲーム，インターネットやメールに時間の大半を割く現代的生活スタイルに浸り，地域の人々の思いや自然や文化，歴史のよさには目が向くことはほとんどない。このことは，これからを生きていく子どもたちのよりよい人間性の育成にも大きく影響を与えると考えられる。

　1996（平成8）年に第15期中央教育審議会が，「21世紀を展望した我が国の教育の在り方について」第1次答申をしたが，その内容をみると，冒頭で今の子どもたちの現状やそれをとりまく家庭や地域社会の現状について明らかにしている。また同答申は，経済の高度成長，情報化の進展等さまざまな分野における急激な進展は社会を著しく変貌させたこと，それによって生活水準は向上したが，人々はゆとりを失い，家庭生活も変え，地域社会も地縁的な結びつきや連帯意識を弱めたことなどを指摘している。

さらに，これらの社会全体の変化の中で子どもたちの教育環境も著しく変化し，子どもたちの生活には過去の子どもたちになかった積極面がみられる一方で，さまざまな問題が新たに起きていることも報告している。それらは，①現代の子どもの積極面（流行に敏感，メカに強い，ボランティア活動への意欲が強い等），②ゆとりのない生活（生活体験・自然体験の不足，ストレスがたまりやすい等），③社会性の不足や倫理観の欠如（少子化の傾向から子どもたちの人間関係を作る力が弱くなっている，放置自転車に乗ったり他人の傘を無断でさして帰ったりと社会的な規範意識が希薄になっている等），④自立の遅れ（朝1人で起きたり身の回りの整理をしたりなど，子どもの自立を促すのに必要な生活習慣が欠如している等），⑤健康・体力の低下（身長・体重面などの体格は向上しているものの，体力・運動能力などは低下傾向にある等），などである。

本来，子どもは明るく元気で活動的で，やる気があり，未来に向けての夢や可能性に満ちあふれた有能な人間である。学校の中で子どもを見ていると，楽しんで活動している様子がわかる。冷え込んできた時期でも，子どもたちは休み時間になると元気に運動場へと走っていき，ドッジボールや縄跳びで楽しむ姿や，体育の授業で始まった鉄棒の練習に励む姿がみられる。文部科学省の2003（平成15）年度の「学校教育に関する意識調査」では，小学校90.5％，中学校77.7％の子どもは「満足している」「まあ満足している」と答えている。どの子どもも自分のよさやすばらしさ，有能さを発揮し，自分本来の姿に喜びを感じ，自信をいだいて生きてほしい。教師は子ども本来の姿を蘇らせ，自ら学び自ら考える力や知恵，人との協調性や思いやりの心などを培うよう取り組まなければならない。

（2）子どもの特性

公立小学校に勤務していた筆者にとって，教育とはなんと微妙で複雑な仕事であろうとの思いが強い。同じ子どもに同じ言葉をかけても，そのときどきの状況で反応は違うのである。A君に通じた言葉がそのままB君にも通じるとは限らないし，1時間目と2時間目とではA君はすでに変わっているのである。つまり，子ども個々人の身体や心の状態を絶えず注視しなければならない

ということである。最近大きな社会問題になっている不登校・中退・いじめ・暴力等の問題の多くは、家庭や社会環境にあるにせよ、1日の生活時間の多い学校での言動に配慮することにより、かなりの部分は防止できるはずである。しかし、現実には次の図に示すように、これらいわば「教育の影の部分」が依然として存在しており、教師を含め教育界全体の大きな課題になっている[2]（図2-3, 2-4）。このほか「暴力」の問題は、1980年代は年間約2000件程度であったが、90年代に入り徐々に増加傾向を示しており、2009（平成21）年では年間5万4908件に達している。また、「いじめ」[3]の発生数については、1995（平成7）年度の6万96件をピークに減少傾向にあり、2005（平成17）年では年間2万143件となっている。この問題を放置することはできないが、基本的には影の部分は年齢・学年に準じて増加する傾向にある。小学校低学年では、学校生活や友だちとの交友を楽しみにしており、しだいに個性のめざめとともに、各種の問題が生じるというのが一般的な傾向である。そこで、あらかじめ子どもの行動の基本にある「発達課題」についても、理解しておく必要があろう。

　発達課題という概念を最初に打ち出したのは先にもふれたが、ハヴィガースト（Havighurst, R.J.）である。彼によれば、発達課題の起源は3つある。それ

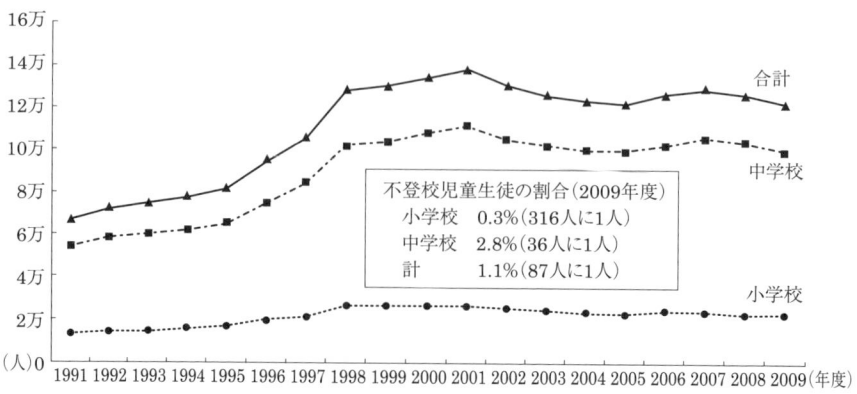

図2-3　不登校児童生徒数の推移
出典：文部科学省「平成21年度児童生徒の問題行動等生徒指導上の諸問題に関する調査」, 2010より作成

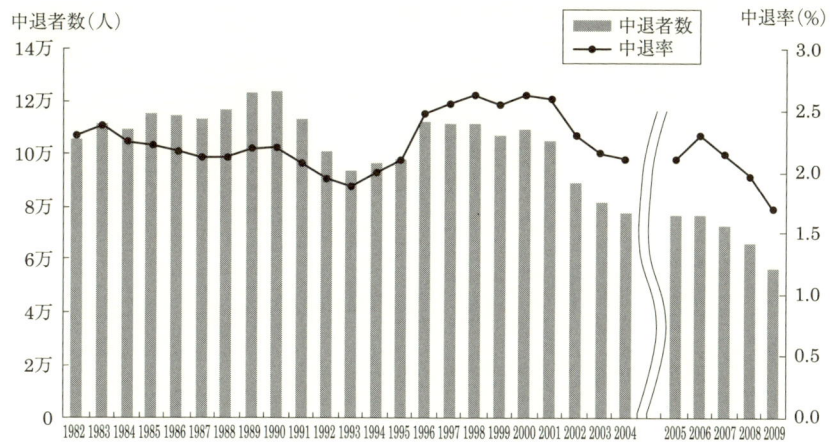

注1） 調査対象は，2004年度までは公・私立高等学校，2005年度からは国立高等学校も調査。
注2） 中途退学率は，在籍者数に占める中途退学者数の割合

図2-4　中途退学者数等の推移
出典：文部科学省「平成21年度児童生徒の問題行動等生徒指導上の諸問題に関する調査」，2010より作成

らは，①身体的な成熟による課題（例えば歩行の学習や，青年期に異性に気に入られようと振る舞うことなど），②社会の文化的圧力から起こってくる課題（例えば読むことの学習や，責任ある市民として社会に参加することの学習など），③人の人格や自我をつくっている個人的価値と抱負（例えば職業の選択や準備，価値の尺度や人生観を形成することなど）である。このように，身体的な成熟，社会の文化的圧力，個人的価値と抱負から発達課題が生ずるが，一般的にはこれら3つの要素の相互作用から生ずるものとされる。

　彼は，幼児期，児童期，青年期，壮年期（壮年初期と中年期），老年期の発達課題を示した。これらは，何歳から何歳までと明確に区分することはできないが，このうち「児童期」は小学校へ行く時期，「青年期」は中学・高校・大学へ行ったり就職したりする時期ととらえられている。これらは，発達課題について検討する際の出発点としてよいであろう。

　次に，主として認知や知能の発達から人間の発達課題を明らかにすることに貢献したピアジェ（Piaget, J.）についてふれておく。彼については，第3章の

3節（5）でもふれることにするが，人間の発達段階を「感覚運動的段階」と「表象（思考）的段階」に分け，「表象（思考）的段階」をさらに「前操作的段階」と「操作的段階」（「具体的操作期」と「形式的操作期」）に分けて，指導に当たってもそれぞれの段階に合致した方法をとるよう示唆している。

　感覚運動的段階（0～2歳）は，生後約2年間のことである。乳幼児は，見る，吸う，握るなどの反射的活動から，しだいにたたく，押す，引く，ゆするといった動作，対象への働きかけを行うようになる。前操作的段階（2～7歳）において，子どもはイメージや言葉を通した思考ができるようになる。操作的段階のうち，具体的操作期（7～11・12歳）では，子どもは具体的なものについて論理的に思考できるようになる。

　ここで重要なことは，発達段階がすべての人間に共通な区分では必ずしもなく，生活や文化と深い関係があるということである。発達というのは，受胎から死に至るまで人間の心身の形態や機能が変化していくことであるが，この変化の様子は人間の生活や社会，文化の違いによって同じではないのである。6, 7歳の子どもは，具体的場面の中に現存する対象に対してだけ論理的に操作するものであるといっても，その「現存する対象」は子どもの生活や社会，文化によって異なるということを考えればよくわかることであろう。

　子どもの発達段階を考えるということは，後述するような教育の目標や学習指導要領といった公教育という制約条件はあるが，教師たる者は子どもの成長や発達に絶えず目を配る必要のあることを教えてくれる。さらに言えば，学校の授業や生活とともに子どもの具体的な生活環境や地域社会，地域の文化の状況も十分に考慮しなければならないことを意味している。生涯にわたる発達ということを考えるとき，乳幼児期，児童期，青年期のそれぞれで達成すべき課題を再確認するとともに，学校・家庭・地域社会で一人ひとりの子ども・青少年がよりよく生きていくことが可能となるような方策を講じていくことが課題である。

2 教育の目標を押さえる——基本法・指導要領の求めるもの

(1) 憲法・基本法での教育の目標

　戦前，日本の教育の理念的支柱になっていたのは，1890（明治23）年に発布された「教育ニ関スル勅語」である。この教育勅語は，聖旨として教育の絶対的規範とみなされ，その精神は終戦までの教育全般を支配した。皇室国家のために一身を捧げることのできる皇国民の鍛錬が，戦前の学校教育の目的であったといえる。

　敗戦後は，それまでの教育勅語体制を一掃する民主化政策があらゆる分野で断行された。その頂点は，平和主義・国民主権・基本的人権の尊重を構成原理にする「日本国憲法」の制定（1946〔昭和21〕年）である。日本国憲法は戦争の愚かさの反省のもとに，恒久の平和への願いを前文に掲げながら，各条文では基本的人権の享有・法のもとでの平等・思想および良心の自由・信教の自由などを示すとともに，教育面では「全ての国民は，法律の定めるところにより，その能力に応じて，ひとしく教育を受ける権利を有する」（第26条）ことを規定している。また，子女の保護者に対しては「普通教育を受けさせる義務を負う」ことも示している。この憲法の精神および条文を受けて制定されたのが「教育基本法」であり，そこにはわが国の教育の目的・制度・行政など教育の基本的事項が凝縮されたものになっている。教育にかかわるすべてのもの，特に教師にとっては最も重要な法律であるので，やや詳しく述べておきたい。

　なお，「教育基本法」は1947（昭和22）年に，戦後の新しい教育のあり方を示すものとしてその基本を明示し，大きな役割を果たしてきたが，2006（平成18）年12月におよそ60年ぶりに改定された。旧教育基本法と比べ，2倍弱の条文になっているが（旧基本法は前文および11条，新法は前文および18条），旧法の基本を生かしつつ，今日の教育の状況に合わせた内容になっている（内容の全体については「資料編」を参照されたい）。

　さて，新法の前文では民主的で文化的な国家を建設し，世界の平和と人類の福祉の向上に貢献しようとする願いを込めて，「我々は，個人の尊厳を重んじ，真理と正義を希求し，公共の精神を尊び，豊かな人間性と創造性を備えた人間

の育成を期すると共に，伝統を継承し，新しい文化の創造を目指す教育を推進する」とし，わが国の教育の根本理念を明らかにしている。前文に続いて，4章（第1章　教育の目的及び理念，第2章　教育の実施に関する基本，第3章　教育行政，第4章　法令の制定）18条の規定があるが，特に教師にとってぜひ熟知しておかなければならない条文について述べておきたい。

　第1章は第1条（教育の目的），第2条（教育の目標），第3条（生涯学習の理念），第4条（教育の機会均等）の4つの条文からなり，教育の基本的な目的・理念を明示したものであり，教師としてはこの目標・理念を抜きにして日々の教育活動を行うことのできない性格の規定である。第1条では「教育は，人格の完成を目指し，平和で民主的な国家及び社会の形成者として必要な資質を備えた心身ともに健康な国民の育成を期して行われなければならない」と教育の目的を述べており，第2条ではその目的を実現するため5つの具体的目標をあげている。「1　幅広い知識と教養を身に付け，真理を求める態度を養い，豊かな情操と道徳心を培うとともに，健やかな身体を養うこと。2　個人の価値を尊重して，その能力を伸ばし，創造性を培い，自主及び自立の精神を養うとともに，職業及び生活との関連を重視し，勤労を重んずる態度を養うこと」（3～5では男女の平等と公共の精神にもとづく社会の形成への参画，生命の尊重および自然・環境の保全の態度，伝統と文化の尊重と郷土や他国の尊重と国際社会への貢献など）また，第3条では新たに「生涯学習の理念」が加えられ，第4条では「教育の機会均等」が示されている。

　第2章では義務教育や学校教育についての制度的条文がみられるが，第9条は「教員」の条文であるので，特に留意してほしい。ここでは「法律に定める学校の教員は，自己の崇高な使命を深く自覚し，絶えず研究と修養に励み，その職責の遂行に努めなければならない。前項の教員については，その使命と職責の重要性にかんがみ，その身分は尊重され，待遇の適正が期せられるとともに，養成と研修の充実が図られなければならない」ことが記されているのである。なお，第2章では旧法にはなかった，大学・私立学校・家庭教育・幼児期の教育などが付加されていることが特徴としてあげられる。

　第3章の教育行政については第16条で「教育は，不当な支配に服すること

なく，この法律及び他の法律に定めるところにより行われるべきものであり，教育行政は，国と地方公共団体との適切な役割分担及び相互の協力の下，公正かつ適正に行われなければならない」とし，旧法以上に具体的な内容になっている（旧法では「第10条（教育行政）教育は，不当な支配に服することなく，国民全体に対し直接に責任を負つて行われるべきものである。教育行政は，この自覚のもとに，教育の目的を遂行するに必要な諸条件の整備確立を目標とし行われなければならない」となっており，長い間論争の種になっていた）。

なお，教育基本法の改定に合わせて，2007（平成19）年6月には「学校教育法」および「地方教育行政の組織及び運営に関する法律」（略称「地教行法」）および「教育職員免許法」もかなり大きな改定を行っている[4]。学校教育法では小中学校を「義務教育として行われる普通教育」と位置づけるとともに，各学校種の教育目標を改定し，また，全般にわたって指導体制の強化（副校長・主幹教諭・指導教諭の新設など）が規定された。また，「地教行法」では教育委員会に対する規制緩和とともに，国の責任や役割の強化などを明示している。さらに「教育職員免許法」では，教員の責務の重要性にかんがみ，終身有効とされた普通免許状と特別免許状の有効期間を10年とし，所定の場所・日程で行う免許状更新講習会を修了したものに，免許状更新が可能になることにした。また，指導力不足の教員に対しては「指導改善研修」を実施しなければならないこととした。

以上のように，戦後60余年を経て，わが国の教育は大きな転換期を迎えることになった。新しい基本法等の改訂の背景には，国際社会における日本の位置づけを含めた社会の変化，従来の学校内で噴出した教育上の諸問題などがあるが，戦後教育の確立にあたって制定された旧基本法に定められている理念・原則に基本的な変化はないといえる。平和・民主・平等の教育観について，改めて重く受けとめる必要があろう。

（2）学習指導要領での基本目標

教育基本法の精神を受け，さらには国家・社会の時代ごとの要請を受けて，教育の目標・内容を具体的に定めたものが学習指導要領である。ここには，時

代時代の教育全体の目標，および学校段階別・学年別・教科別のねらいや学習すべき内容が明示されている。教師はこの指導要領を参考にし，さらにこれに準拠して作成された教科書およびその他の教材を用いて授業を展開することになる。なお，学校教育の大枠，つまり，教科の種類，授業時間数などは別に「学校教育法施行規則」に定められている。各学校はこの両者によって，学校ごとの教育課程（カリキュラム）を編成し（本章4節（2）の「教育課程の遵守」および資料編を参照），日常の業務を行うことになるが，特に学習指導要領は教師一人ひとりが日常行う授業に欠かせないものであり，学習の目的および内容について十分理解しておかねばならないものである。

　さて，学習指導要領は時代ごとの要請を反映するものであると述べたが，歴史的に辿ってみると，昭和20年代の試案の段階後，1958（昭和33）年以降およそ10年ごとに改訂されているが，1989（平成元）年制定の学習指導要領以降，教育の目標や教育の内容・方法等が大きく改訂されてきた。それぞれの改訂における主なねらいと特徴は，表2-2のとおりである。

　1958年には学習指導要領の法的拘束力が強化され，また「道徳」が加えられたこと，1968（昭和43）年には「教育内容の現代化」，1977（昭和52）年には子どもの学習負担の軽減などが改訂の柱として掲げられた，ことなどが特色としてあげられる。そして，1989年の改訂時には，学校教育の位置づけやねらいが，生涯学習の視点から大きく転換する歴史を辿るのである。

　1989年および1998年の学習指導要領の特色は，変化する社会の中での学校教育のあり方の模索ということになる。これからの変化の激しい社会において，学校で学んだ知識のみで社会生活を営むのではなく，子どもたち一人ひとりが自ら個性を発揮し，困難な場面に立ち向かい，未来を切り拓いていく力が求められる。このために必要となるのは，自ら学び自ら考える力などの「確かな学力」，他人を思いやる心や感動する心などの「豊かな人間性」，たくましく生きるための「健康や体力」などの「生きる力」である。別言すれば，変化の激しい社会の中で，人間らしく生きるためには，「生涯学習」の理念が不可欠であり，学校では，これからの生涯学習社会の中で，社会に出た後も生涯学び続けることができる基礎的な資質や能力をはぐくむことが期待されることに

表2-2　学習指導要領の改訂の概要

改訂の流れ	主なねらい	特　徴
1958～1960（昭和33～35）年改訂	教育課程の基準としての性格の明確化（全文が基準であるとし，基準を上回ることも下回ることも好ましくないと指導）	○道徳の時間の新設 ○系統的な学習を重視 ○基礎学力の充実 ○科学技術教育の向上　等
1968～1970（昭和43～45）年改訂	教育内容の一層の向上（教科書の内容も扱うべき項目の配列順序も学習指導要領によるべきであるとした）	○「教育内容の現代化」 ○時代の進展に対応した教育内容の導入（算数における集合の導入等）
1977～1978（昭和52～53）年改訂	ゆとりのある充実した学校生活の実現＝学習負担の適正化	○各教科等の目標・内容を中核的事項にしぼる
1989（平成元）年改訂	社会の変化に自ら対応できる心豊かな人間の育成	○生活科の新設 ○道徳教育の充実　等
1998～1999（平成10～11）年改訂	基礎・基本を確実に身に付けさせ，自ら学び自ら考える力などの「生きる力」の育成	○教育内容の厳選 ○「総合的な学習の時間」の新設　等
2008（平成20）年改訂	教育基本法改正等で明確となった教育の理念＝「生きる力」の育成 「生きる力」を支える「確かな学力」，「豊かな心」，「健やかな体」の調和を重視	○言語活動の充実 ○理数教育の充実 ○伝統や文化に関する教育の充実 ○道徳教育の充実　等

出典：文部科学省「確かな学力」〈http://www.mext.go.jp/a_menu/shotou/gakuryoku/faq/001.htm〉より作成

なったのである。

　この生涯学習社会の到来のもとで，従来の学校の位置づけが変化せざるをえない状況にある。長い間，「教育＝学校教育」の考え方が支配しており，学校は教育の始発駅であり，終着駅であった。学校で習得した知識・技術を使って，卒業後の職場・社会・家庭生活を送るのが当たり前であり，社会もまたそれで十分であった。

　しかし，現代は状況が一変している。コンピュータの普及，国際化の進展，政治・経済のめまぐるしい変化，また，それらの影響を受けての家庭や地域社会における日常生活の変化など，「変化」を前提としない生活は考えられない社会になっている。そのため，学校は「変化する社会」を前提としなくては存

在できなくなった。つまり，学校は青少年が生涯にわたって学ぶための「基礎を培う場」であり，学習の始発駅の役割を果たすことが求められることになったのである。

この学校観の転換の中で，当然教育のねらいや従来の指導のあり方の転換が求められている。学校教育に直接反映する学習指導要領の文面をみれば，教育のねらいの変質は明らかである。特に1989年の改訂にあたっては，その前に出された臨時教育審議会の答申（1984～1987）を受けて，ねらいについての基本的な変更が行われたのである。

このときの改訂の柱は4つあり，①豊かな心をもちたくましく生きる人間の育成を図る，②自ら学ぶ意欲と社会の変化に主体的に対応できる能力の育成を重視する，③国民として必要とされる基礎的・基本的な内容を重視し，個性を生かす教育の充実を図る，④国際理解を深め，わが国の文化と伝統を尊重する態度の育成を図る，ことがあげられているが，この柱の前文中にこれらを包括するねらいとして，「生涯学習の基礎を培うという観点に立ち，21世紀をめざし，社会の変化に自ら対応できる，心豊かな人間を育成すること」と述べられている。つまり，学校は「生涯学習の基礎を培う場」であり，その目的は「社会の変化に自ら対応できる，心豊かな人間」であると規定しているのである。生涯学習社会の到来を前提とし，子どもが自ら社会の変化に対応できる力と，心豊かに生きる力の基礎の育成が教育のねらいとされたということができよう。

1998・1999年に全面改訂が行われた学習指導要領は，小・中学校では2002（平成14）年度からすべての学年で実施され，高等学校では2003（平成15）年度入学者から順次実施された。この具体化の基本となったのが，第15期中教審の答申「21世紀を展望した我が国の教育の在り方について」（1996〔平成8〕年）である。ここでは，1989年の学習指導要領における学校教育のねらい以上に，子ども自身による学習や子ども自身の主体的な生き方を強調するものになっている。

具体的には，「我々はこれからの子どもたちに必要となるのは，いかに社会が変化しようと，自分で課題を見つけ，自ら学び，自ら考え，主体的に判断

し，行動し，よりよく問題を解決する資質や能力であり，また，自らを律しつつ，他人とともに協調し，他人を思いやる心や感動する心など，豊かな人間性である」と述べ，学習・生活の両面にわたり，子ども自身が主体となり，調和的な発展をめざすこととしたのである。そして，これを「生きる力」と定義づけ，これからの教育のキーワードとして提示した。新しい時代を迎える学校教育はまさに，生涯学習の基礎として，「子ども自ら学ぶ力」「子ども自ら心豊かに生きる力」を調和的に育成することが明確に打ち出されたといえよう。

　そして現在，学習指導要領は新たな要請にもとづいて改訂され（2011〔平成23〕年4月から導入），その基本的な方針については，これまでの基本目標である「生きる力」という理念を生かし，生きる力を支える確かな学力は，①基礎的な知識や技能，②課題解決に必要な思考力・判断力・表現力，③学習意欲であるととらえ，具体的には「基礎的・基本的な知識・技能の習得」「思考力・判断力・表現力等の育成」「確かな学力を確立するために必要な授業時間の確保」「学習意欲の向上や学習習慣の確立」「豊かな心や健やかな体の育成のための指導の充実」を学習指導上の柱と位置づけている。これを受けて，授業時間の総数が増加し，小中学校では国語・算数・理科などの時間が増加する一方，「総合的な学習の時間」の時間は減少している。

　最後に，新しい学校の位置づけの中できわめて重要なのは学校と家庭・地域社会の連携の強化であることにふれておく。前述の中教審答申（1996）でも，「教育は，言うまでもなく，たんに学校だけで行われるものではない。家庭や地域社会が，教育の場として十分な機能を発揮することなしに，子どもの健やかな成長はあり得ない。［生きる力］は，学校において組織的，計画的に学習しつつ，家庭や地域社会において，親子のふれあい，友達との遊び，地域の人々との交流などのさまざまな活動を通じて根づいていくものであり，学校・家庭・地域社会の連携とこれらにおける教育がバランスよく行われる中で豊かに育っていくものである」と述べられ，今後の学校教育の中で特に三者の連携が欠かせないことを強調している。

　このような学校・家庭・地域社会の連携は，現在までのところ不十分と言わざるをえない。この連携を容易にするシステムを構築することが求められてお

り，例えば教員と父母，地域の代表等による「学校教育協力者会議」といった組織が必要となるだろう。今後いっそう，これら連携のためのシステムを構築し，機能させることが必要とされている。このことについては，「第5章　父母・地域との連携」で考察する。

3　法律上の立場を知る——法的位置づけ・教師の職務

（1）教員の法的位置づけ

　教職員の身分は，国家公務員と地方公務員，それに私立学校の教職員の三種類に大別される。国立諸学校の教職員は国家公務員で，公立諸学校の教職員は地方公務員である。

　公務員としての教職員の服務については，憲法や法律で規定されている。公務員の職務については，憲法第15条2項が「すべて公務員は，全体の奉仕者であって，一部の奉仕者ではない」と規定している。この規定を受けて，地方公務員法第30条が「すべて職員は，全体の奉仕者として公共の利益のために勤務し，且つ，職務の遂行に当っては，全力を挙げてこれに専念しなければならない」と，服務の根本規準を定めている。これらの規定は教員にも適応されるが，教員の場合さらに基本法第9条で「法律に定める学校の教員は，自己の崇高な使命を深く自覚し，絶えず研究と修養に励み，その職責の遂行に努めなければならない」と規定されており，「全体の奉仕者」であるとともに，その使命の自覚と実現のために専門的な分野での研究・研修および全般的な教養の向上に努力することが求められているのである。公務員として，また教員として，二重の意味で「全体の奉仕者」という概念を追求していかなければならない。教員は児童・生徒の教育を通じて，地域住民のために働き，ひいては国民全体に奉仕するという意味でも「全体の奉仕者」であるといえる。こうした自覚に立って，職務に全力で専念することが服務の基本として要求されているのである。

　なお，今日進められている「教師の資質向上」に向けた教育改革は，現在は中央教育審議会に統合された「教育職員養成審議会」の答申がその柱となり，

これらの答申において「専門職」「専門職業人」がキーワードにもなっているが，その土台として「全体の奉仕者」としての位置づけは不変であることを確認しておく必要があろう（資料編14参照）。

(2) 教師の職務

学校[5]には，さまざまな教職員が配置されることになっており，この教職員にも多くの種類がある。学校に置かれる教職員には，校長，教頭，教諭，養護教諭，事務職員，助教諭，講師，養護助教諭，実習助手，寄宿舎指導員，学校栄養職員などがある。これらの教職員のうちにも，「置かなければならない」教職員，「置かないことができる」教職員の別がある。置かなければならない教職員については，「校長，教頭，教諭，養護教諭及び事務職員」と規定されており（学校教育法第37条），置かないことができる教職員については，「第1項の規定にかかわらず，副校長を置くときその他特別の事情のあるときは教頭を，養護をつかさどる主幹教諭を置くときは養護教諭を，特別の事情のあるときは事務職員を，それぞれ置かないことができる」と規定されている（同37条3項）。また，このうち事務職員を除くすべての職員が教員である。

例えば小学校の場合，学校教育法第37条に校長以下の職務について明記されている。各職務の概要については，表2-3に示すとおりである。

これは小学校の場合であるが，中学校や高等学校の場合も「児童」を「生徒」と読み替えれば基本的に問題はない。また，講師は「常勤」と「非常勤」の2種に大別できる。前者は一般の教諭とほとんど変わらず，クラブ活動や校務等も分担するが，勤務期間が1年未満である。後者は特定の教科のみ担当し，1週間のうち定められた時間のみ勤務し授業を担当し，比較的中学校や高等学校に多い。さらに，高等学校では理科の実験の補助的業務や器材の整備・管理をする実習助手が置かれ，これもまた教員である。

なお，新しい学校教育法では，2007（平成19）年3月の中教審答申「教育基本法の改正を受けて緊急に必要とされる教育制度の改正について」を受けて，「副校長」「主幹教諭」「指導教諭」の職を置くことができることになっている（第37条2項）。副校長は管理職としての機能および対外事務などを担当する

表2-3 職名および職務

学校教育法第37条	職名	職務
④	校長	校長は，校務をつかさどり，所属職員を監督する。
⑤ ⑥	副校長	副校長は，校長を助け，命を受けて校務をつかさどる。 副校長は，校長に事故があるときはその職務を代理し，校長が欠けたときはその職務を行う。この場合において，副校長が2人以上あるときは，あらかじめ校長が定めた順序で，その職務を代理し，又は行う。
⑦ ⑧	教頭	教頭は，校長（副校長を置く小学校にあつては，校長及び副校長）を助け，校務を整理し，及び必要に応じ児童の教育をつかさどる。 教頭は，校長（副校長を置く小学校にあつては，校長及び副校長）に事故があるときは校長の職務を代理し，校長（副校長を置く小学校にあつては，校長及び副校長）が欠けたときは校長の職務を行う。この場合において，教頭が2人以上あるときは，あらかじめ校長が定めた順序で，校長の職務を代理し，又は行う。
⑨	主幹教諭	主幹教諭は，校長（副校長を置く小学校にあつては，校長及び副校長）及び教頭を助け，命を受けて校務の一部を整理し，並びに児童の教育をつかさどる。
⑩	指導教諭	指導教諭は，児童の教育をつかさどり，並びに教諭その他の職員に対して，教育指導の改善及び充実のために必要な指導及び助言を行う。
⑪	教諭	教諭は，児童の教育をつかさどる。
⑫	養護教諭	養護教諭は，児童の養護をつかさどる。
⑬	栄養教諭	栄養教諭は，児童の栄養の指導及び管理をつかさどる。
⑭	事務職員	事務職員は，事務に従事する。
⑮	助教諭	助教諭は，教諭の職務を助ける。
⑯	講師	講師は，教諭又は助教諭に準ずる職務に従事する。
⑰	養護助教諭	養護助教諭は，養護教諭の職務を助ける。

者であり，教頭より広範な位置づけの職としてとらえられ（「校長を助け，命を受けて公務をつかさどる」），主幹教諭は校長及び教頭を助け実務的学校運営を円滑化する職，指導教諭は教育指導の改善充実のため一般教員に対し助言・指導をつかさどる職であるとされている。

　教員の服務については，教育公務員特例法に詳細に規定されている。教育公務員特例法は，「教育を通じて国民全体に奉仕する教育公務員の職務とその責

第2章　教師の仕事

表2-4　職務上の義務と職務外の義務

職務上の義務

①服務の宣誓（地方公務員法第31条）
　　条例の定めるところにより，服務の宣誓をしなければならない。
②法令等および上司の職務上の命令に従う義務（同32条）
　　職務の遂行にあたって，法令，条例，地方自治体の規則および教育委員会規則等に従わなければならない。職務の遂行にあたって，上司の職務上の命令に忠実に従わなければならない。
③職務に専念する義務（同35条）
　　職務の遂行にあたっては，全力をあげてこれに専念しなければならない。

職務外の義務

①信用失墜行為の禁止（同33条）
　　職員は，その職の信用を傷つけ又は職員の職全体の不名誉となるような行為をしてはならない。
②秘密を守る義務（同34条）
　　職員は，職務上知りえた秘密をもらしてはならない。これは，職を退いたあとも適用される。
③政治的行為の制限（同36条，教育公務員特例法第18条）
　　政治的中立の立場から公務を執行するために，政党など政治団体の役員に就くことやその勧誘運動を行うことなどが禁止されている。
④争議行為等の禁止（同37条）
　　同盟罷業，怠業その他の争議行為をし，活動能率を低下させるような行為に参加すること及びそれらの企画・共謀・あおり等を禁止している。
⑤営利企業等の従事制限（同38条）
　　職員は，任命権者（県費負担教職員については，市町村教育委員会）の許可を受けなければ，営利企業等の事業に従事することが禁止されている。

任の特殊性に基づき，教育公務員の任免，給与，分限，懲戒，服務及び研修等について規定」（同1条）したものである。教員の服務には，職務上の義務と職務外の義務とがあり，概要は表2-4のようになる。

　ただし教育公務員には，兼職の特例が認められている。すなわち「教育公務員は，教育に関する他の職を兼ね，又は教育に関する他の事業若しくは事務に従事することが本務の遂行に支障がないと任命権者（地方教育行政の組織及び運営に関する法律第37条第1項に規定する県費負担教職員については，市町村（特別区を含む。）の教育委員会。第23条第2項及び第24条第2項において同じ。）において認める場合には，給与を受け，又は受けないで，その職を兼ね，又はその事業若しくは事務に従事することができる」（教育公務員特例法第17条）

ことになっている。

　以上みてきたように，教師には法令上「職務上の義務」と「職務外の義務」が課せられているが，基本的な職務内容は，学校教育法第37条にある「児童の教育をつかさどる」ことである。その具体的内容としては，学級担任や教科担任としての教科指導，生活指導から，学校運営に関連する職務，諸々の雑務，さらには研修への参加と多岐にわたる。教員は，単に子どもたちに教科的な指導，つまり授業だけをしていてその責任を果たせるわけではない。授業以外の子どもたちの生活指導，学校内の運営への関与，父母や地域社会との連携なども授業と同様に重要なものであり，その全体的な仕事を含めて，「児童の教育をつかさどる」ということを理解しておかなければならない。

4　授業の担当者として
　　──指導上の原則・教材の活用・子どもの多様性への着目

(1) 指導上の原則の確認
　すでにみたように，学校の教師とは校長・教頭・教諭・養護教諭・講師などであり，それぞれの職種ごとに校務を分担して「児童・生徒の教育をつかさどる」ことになるが，教師の主たる仕事が学習指導（授業）および生徒指導であることはいうまでもない。子どもの知的向上を保障し，同時に豊かな人格を形成する仕事が教師の基本的な役割なのである。この両者は概念上区別して用いられ，後者の場合，教育課程編成上でもその重要性から道徳や特別活動の時間を設けることになっているが，本質的には統合したものであることに留意しなければならない。

　したがって，ここでは学習指導についての基本的問題を述べ，生徒指導については次の項で別記することにするが，学習指導（授業）の考え方としても，ただ教科内容を習得させるだけでなく，授業を通じて人間としてのあり方をも学習させることが必要であることに，まずふれておきたい。戦前は学習指導および生徒指導に対して，教授および訓育という表現を用いていた。今日でも訓育は教授と合わせ営むべきこととして「訓育的教授」という言葉も用いられて

いるが，これは授業を行う場合，単に知識の教授にとどまることなく，両者は結合したものという原則で各教科の授業を進めていくことを示したものである。

　以上のことを念頭に置く以外に，授業を行う場合に頭に入れておかなければならないこととして，①教育課程の編成，②授業計画の作成，③教科書の使用，④教材の準備をあげておく。教育課程は教育目標を達成するために，各学校が教育内容を計画的に組織・配列したものであるが，すでにみた「学習指導要領」および「学校教育法施行規則」に準拠して編成されるものであり，教師が自分の考え方や発想だけで自由に作成するものではない。教育の全体的および学校種別，学年・教科別の目標をふまえたものでなければならず，また各教科別・学年別の授業時数に準じたものでなければならない（具体的には次項参照）。ただ，近年においては発展的な学習や補充的な学習を充実させるという意図から，学習指導要領の柔軟的な適応が指摘されており（「学校において特に必要がある場合には，学習指導要領に示していない内容も必要に応じて指導できる」学習指導要領の一部改正，2003〔平成15〕年12月26日告示），この意味では学校・教師の主体的な指導の幅は広がっているといえる。

　編成された教育課程のもとに，教師は授業計画を作成することになる。各学年・教科ごとにどのような体系・手順で教えるかという具体的な計画である。ここでは教師自身の力が発揮できることになるが，この授業計画の巧拙が授業の決め手になるものであり，絶えざる工夫と努力をお願いしたい。

　授業を計画する場合，第一に教科書の存在がある。教科書は国により国定・検定などの制度があるが，わが国では検定制度を採っており，国が検定し，採択された教科書を使用することになっている。しかも，法的には教科書は「主たる教材」と位置づけられ，「教科書を使用しなければならない」（学校教育法第34条）と規定されている。授業を行う場合教科書を使用することは義務づけられていることを承知しておいてほしい。もちろん，教科書だけで授業を行うというわけではない。教科書以外に各種教材がある。教材の種類としては図書教材・視聴覚教材・メデイア教材（デジタルカメラ・DVD・コンピュータ使用の教材）・実物教材などがあり，また，教師自身が作成した自作教材がある。教師は教科書およびこれら教材を巧みに使い，授業に取り組むことになる。

なお，授業については決められた時間だけを考えがちだが，子どもの着実な理解を徹底したり，さらに知識を高め，広げるためには柔軟な発想が必要であることを付記しておく。文科省でも「学びの機会を充実し，学ぶ習慣を身につける」必要性を強調し，具体的には「放課後の時間などを活用した補充的な学習や朝の読書などを援助・支援すると共に，適切な宿題や課題など家庭における学習の充実を図ることにより，子どもたちが学ぶ習慣を身につける」（「確かな学力の向上のための2002年アピール・学びのすすめ」）ことを推奨している。授業を考える場合の参考にしていただきたい。

（2）教育課程の遵守

学校は子どもたちを受け入れ，各教師は教育目標を達成するために効果的な指導をしなければならないが，どのような年間スケジュールで，またどのような教科・時間配当で，どのような目的・内容で教育を行うのかといった基本的な枠組みを決めておかなければ日常の教育を行うことはできない。そこで，各学校は教育目標を実現するために教育の基本的な枠組みに合わせた計画を作らなければならないが，このような学校の全体計画を「教育課程」という。ただし，この教育課程は各学校で勝手に編成するわけにはいかない。まず日本のどこに居住していようとも公平に教育を受けられるよう，教育の全体像を視野に入れなければならないので，国の定める各種法律に準拠することが原則である。さらに，地域の特性を加味する立場から，都道府県・市町村の教育委員会が指導・管理することになっており，それらの上に立って各学校が具体的に教育課程を編成するという手順になっている。

具体的に小学校の場合を例に教育課程編成の際の法的枠組みをあげてみると，まず表2-5に示すように「学校教育法」の規定に準拠し，教育目標を明確にすることが必要である。

次に，どのような教科を置き，各教科別にどのような時間配当で教育を行うかについては，学校教育法施行規則第50条およびその「別表」により次のように定められている（表2-6）。

また，この表の授業時数の1単位時間は45分であり，特別活動の授業時数

表2-5 学校教育法抜粋

小学校の目的	学校教育法第29条	小学校は，心身の発達に応じて，義務教育として行われる普通教育のうち基礎的なものを施すことを目的とする。
小学校の目標	学校教育法第30条	小学校における教育は，前条に規定する目的を実現するために必要な程度において第21条各号に掲げる目標を達成するよう行われるものとする。
	学校教育法第21条	義務教育として行われる普通教育は，教育基本法（平成18年法律第120号）第5条第2項に規定する目的を実現するため，次に掲げる目標を達成するよう行われるものとする。 1　学校内外における社会的活動を促進し，自主，自律及び協同の精神，規範意識，公正な判断力並びに公共の精神に基づき主体的に社会の形成に参画し，その発展に寄与する態度を養うこと。 2　学校内外における自然体験活動を促進し，生命及び自然を尊重する精神並びに環境の保全に寄与する態度を養うこと。 3　我が国と郷土の現状と歴史について，正しい理解に導き，伝統と文化を尊重し，それらをはぐくんできた我が国と郷土を愛する態度を養うとともに，進んで外国の文化の理解を通じて，他国を尊重し，国際社会の平和と発展に寄与する態度を養うこと。 4　家族と家庭の役割，生活に必要な衣，食，住，情報，産業その他の事項について基礎的な理解と技能を養うこと。 5　読書に親しませ，生活に必要な国語を正しく理解し，使用する基礎的な能力を養うこと。 6　生活に必要な数量的な関係を正しく理解し，処理する基礎的な能力を養うこと。 7　生活にかかわる自然現象について，観察及び実験を通じて，科学的に理解し，処理する基礎的な能力を養うこと。 8　健康，安全で幸福な生活のために必要な習慣を養うとともに，運動を通じて体力を養い，心身の調和的発達を図ること。 9　生活を明るく豊かにする音楽，美術，文芸その他の芸術について基礎的な理解と技能を養うこと。 10　職業についての基礎的な知識と技能，勤労を重んずる態度及び個性に応じて将来の進路を選択する能力を養うこと。

は，小学校学習指導要領で定める学級活動に充てるものであるとされ（学校給食にかかわるものを除く），学校教育法施行規則第51条第2項の場合において，私立は道徳のほかに宗教を加えるときは，宗教の授業時数をもってこの表の道徳の授業時数の一部に代えることができるとされている。

表 2-6 学校教育法施行規則抜粋

(第50条)
小学校の教育課程は,国語,社会,算数,理科,生活,音楽,図画工作,家庭及び体育の各教科(以下本節中「各教科」という。),道徳,外国語活動,総合的な学習の時間並びに特別活動の時間によつて編成するものとする。
② 私立の小学校の教育課程を編成する場合は,前項の規定にかかわらず,宗教を加えることができる。この場合においては,宗教をもつて前項の道徳に代えることができる。

(第51条)
小学校の各学年における各教科,道徳,外国語活動,総合的な学習の時間及び特別活動のそれぞれの授業時数並びに各学年におけるこれらの総授業時数は,別表第一に定める授業時数を標準とする。

別表第一(第51条関係)

区 分		第1学年	第2学年	第3学年	第4学年	第5学年	第6学年
各教科の授業時数	国 語	306	315	245	245	175	175
	社 会			70	90	100	105
	算 数	136	175	175	175	175	175
	理 科			90	105	105	105
	生 活	102	105				
	音 楽	68	70	60	60	50	50
	図画工作	68	70	60	60	50	50
	家 庭					60	55
	体 育	102	105	105	105	90	90
道徳の授業時数		34	35	35	35	35	35
総合的な学習の時間の授業時数				70	70	70	70
外国語活動の授業時数						35	35
特別活動の授業時数		34	35	35	35	35	35
総授業時数		850	910	945	980	980	980

 さらに,学校教育法施行規則第52条に「小学校の教育課程については,この節に定めるもののほか,教育課程の基準として文部科学大臣が別に公示する小学校学習指導要領によるものとする」と表記されている。この規定を受けて,学習指導要領には具体的な教育のねらいや内容,指導計画の作成と内容の取り扱いなどが明記されている。したがって,教師は上述の学校全体として設定し

た基本的な枠組みを前提としながら，学習指導要領に準拠して教育を行うことになる。授業を行うに際しては，学習指導要領の内容を精読し，理解していないと授業計画を作成することが困難になり，授業そのものの目標を達成することも難しくなるのである。

　以上のことを整理すると，各学校は，このような国や地方自治体が定める基準をふまえ，一定の教育水準を維持することを遵守しなければならないし，特に各地域や学校にはそれぞれ特性があるので，児童生徒の発達段階や地域や学校の特性をとらえ，地域の伝統や文化，保護者や地域住民の要望をくみながら，学校の教育目標を設定し，教育課程を編成して教育活動を展開していくことになるのである。教師は学校教育の構造を正確に把握し，その枠組みの中でいかによい授業や教育活動を展開すべきかを考え，実践することが重要なのである。

（3）授業の実施に当たっての心がけ

　前述したような教育課程によりながら，教師は日々の学習指導や生活指導に従事することになるが，特に教師の中心的役割としてあげられるのは授業である。当然のことではあるが，授業を行う際には時間ごと，単元ごとの授業計画が求められる。1時間の授業時間の配分（導入・基本目標達成のための時間と方法・まとめ），およびそれをどのような方法（説明・質問・板書・教材を含む）で実施するかなどを，子どもたちの実態に合わせて準備することになる。また，その時間の学習と単元全体の学習到達度などとの関連の検討も必要である。このような事前の周到な準備がないと，充実した授業を行うことは困難であることを理解しておいてほしい。

　しかも，ただ子どもたちに教科書に書かれている知識を教授・伝達することだけでは，現在求められている「授業」を実施したとはいえないのである。教師は，子どもたちが将来「どんな立場に置かれても，生きていくことができる力」を育てることを基本に置き，日常の具体的な学習の場面で，「学ぶ力，生きる力の育成」を心がけることが必要である。1983（昭和58）年に中央教育審議会教育内容等小委員会が経過報告を出し，その中に「自己教育力の育成」という新しい概念を示した。そこでは「自己教育力とは主体的に学ぶ意志・態

度・能力である」と定義づけ，3つの側面をあげている。1つは「まずもって学習の意欲である」として，子どもたちに学ぶ意欲を引き起こすことの重要性を指摘した。そして2つめに「学ぶ方法の習得」をあげている。意欲があっても学び方を知らなければ，学習は挫折してしまうからである。そして最後に，自己教育力とは「生き方にかかわることである」という重い文章を付け加えている。自己教育力が単に知識を習得する方法ではなく，他人を思いやり，また，ねばり強く努力するといった生き方と関連しているものであるという指摘である。その後の学校現場では，「自己教育力」の育成がキーワードとされるようになったのである。

　自ら学ぶ力を育てるにはどうしたらよいのか。これは簡単なことではないが，何よりもまず子どもに「学習の意欲」をもつよう育てなければならない。具体的には，子どもになぜこの部分を学ぶ必要があるのかをわかりやすく説明することが必要となる。つまり，学ぶ必要性を子どもに確信させるのである。

　次に，適切な教材を準備することである。「教材とは何か」といった定義となると難しくなるが，「一定の教育目標を達成するために選ばれた具体的な素材」ととらえ，子どもの実態に合わせ，難しすぎずやさしすぎない精選されたもの，つまり具体的でわかりやすいものを準備することが原則である。また，子どもの心の中に「何だろう」「不思議だな」といった心の葛藤を生み出してやることも原則である。例示すると，①子どもの驚きや感動を誘うようなもの（子どもにとって未知なもの，めずらしい内容をもつもの），②子どもの生活や体験と関連した身近なもの（テレビのアニメや漫画，地域の文化や歴史）などがあげられ，しかも子どもの学習の水準に配慮したものということになる。抽象的な表現であるが，そこは教師の専門性に頼るほかはなく，その教科，その単元ごとに工夫を凝らすのである。各学校の教育目標を達成するためにも，教師は教材についての正しい認識と理解をもたなければならない。

　なお，子どもは一人ひとり個性をもっており，同じ学年の同じ教科であっても，同じ教材，同じ指導法でよいというわけではない。これらについては，「第3章　授業実施上の心得」を参照されたい。

5 生徒指導の担当者として
——子どもの言動や心情への配慮・諸活動の組織

(1) 生徒指導の位置づけ

　生徒指導は，学校の教育目標を達成するために欠くことのできない機能の1つであり，子どもの人格形成上最も大切な役割を担っている。各教科・道徳・特別活動・総合的な学習の時間等あらゆる教育活動に機能するものであり，子どもの学校生活のすべてにかかわり，子ども個々人の生きる力に資するものである。単にいじめや不登校，暴力行為といった表面的に表れた問題行動への対応だけではなく，子どもの内面に目を向け，子どもの言動や心情に配慮することが原則であり，子どもの心身のよりよい発達・成長を援助する方向性をもつものである。文部省（当時）『生徒指導資料第20集』（1988）によると，その基本的な考え方は以下のように規定されている。

> 　生徒指導とは，本来，一人ひとりの生徒の個性の伸長を図りながら，同時に社会的な資質や能力・態度を育成し，さらに将来において社会的に自己実現ができるような資質・態度を形成していくための指導・援助であり，個々の生徒の自己指導能力の育成をめざすものである。

　これを受け，文部科学省『生徒指導提要』（2010）においても，基本的な考え方は以下のように規定されている。

> 　生徒指導とは，一人ひとりの児童生徒の人格を尊重し，個性の伸長を図りながら，社会的資質や行動力を高めることをめざして行われる教育活動のことです（略）。
> 　各学校においては，生徒指導が，教育課程の内外において一人ひとりの児童生徒の健全な成長を促し，児童生徒自ら現在及び将来における自己実現を図っていくための自己指導能力の育成を目指すという生徒指導の積極的な意義を踏まえ，学校の教育活動全体を通じ，その一層の充実を図っていくことが必要です。

このように生徒指導は，①個性の伸長，②社会的な資質や能力・態度の育成，③自己実現への指導・援助，④自己指導能力の育成をめざすものである。

まず，個性の伸長を図ることが必要であるが，子ども一人ひとりは皆異なった個性をもっていることに留意しなければならない。戦前においては国家目的のため，すべての子どもに同じ内容・方法による教育が求められ，個性はまったく無視されてきたが，今日の教育では個性に応じた教育が求められているのである。「みんなちがって，みんないい」という詩があるように，個性の違いを認め，それぞれの個性を伸ばすことが必要なのである。生徒指導においてはこの原則に留意してほしい。なお，個性とは「個人に具わり，その個人を他の個人と異ならせる性格。個物または個体に特有な特徴あるいは性格」（「広辞苑」）と書かれているが，具体的には興味・関心・能力・適性などとまとめることができよう。

社会的な資質や能力は，子どもが将来生活するうえで欠かせないものである。家庭・地域社会での生活上，また，職場での共同の仕事のうえで，身につけておかなければ生きていけないものであり，各教科や道徳，特別活動などの場面で知的側面から，また子どもたち同士の学習や作業をとおして，さらに大人との接触や共同の活動の中で実践的に育てなければならないものであろう。さらに，求められるのは自己実現ができるような資質や能力の育成である。人間個々人の欲求の最高の段階を，マズローは「自己実現」といっているが，このことは人間が喜びや満足の中で生きるうえできわめて重要な資質である。ここでは，生徒個々人が目的をもって取り組んだ課題を成就させること，換言すればそのことが自己実現ということになろう。教師は個性のある生徒を十分観察して，個性に見合った課題を提供，あるいは発見させ，その課題を生徒自身に解決させる方法を考えるべきであろう。

最後に，自己指導能力について考えておきたい。自己指導能力とは，「自己をありのままに認め（自己受容），自己に対する洞察を深めること（自己理解），これらを基盤に自らの追求しつつある目標を確立し，また明確化していくこと，そしてこの目標の達成のため，自発的，自律的に自らの行動を決断し，実行すること」と規定されている。（文部省，1988）つまり，そのときその場でどの

ような行動が適切かを自分で決めて，実行する能力である。

児童生徒の自己指導能力の育成をめざし，また，当面する生徒指導上の諸課題の解決を図るために，学校は生徒指導の計画を立てることとなる。計画立案に当たっては，①学校の教育目標の達成をめざした組織・分担，②子どもや地域の実態・特性をふまえること，③教師の願いや理念が表現された内容であること，などを重視する必要がある。一般的な形式としては，まず生徒指導の全体計画があり，次いで月別に目標や内容を示した年間の生徒指導計画（表2-7），そして各学年，各学級の生徒指導計画などが考えられる。

生徒指導の組織は，子どもたちの自己実現・自己指導能力の育成を図るために，学校や児童生徒の実態，地域社会の状況，校長を中心とする教職員の指導理念により編成されるものである。その運営にあたっては，他の部会（研修部・特別活動部・事務部など）との連携・協力のもと，全教職員の共通理解を図り，日々の教育活動に機能するものでなくてはならない。また，子ども同士のトラブルや緊急事態には，柔軟かつ迅速な動きができる組織編成にすることが重要である。

(2) 子ども理解

これまでみてきたように，生徒指導は子どもたちに自己実現・自己指導能力を身につけさせることであるから，教師はまずその対象である子ども自身のことをよく理解しなければならない。その子どもの学業成績や家庭環境の把握はもちろん，どのような友だちつきあいをしているのか，どんなことに関心をもっているのか，どんな問題をかかえているのかなど，よく把握しておくことが必要である。そのうえで，それぞれの子どもが「かけがえのない存在」であることを，教師が子どもの言動一つひとつに注視して，同じ1人の人間として対応していくのである。

子どもたちに，自分自身がかけがえのない存在であることに気づかせるためには，一人ひとりの子どもたちを，個性をもった1人の人間としてとらえ，温かく受け入れる教師の態度・働きかけが必要となる。ときにはその子どものよいところをほめたり，悪いところをしかったり，子どもの関心のある話をす

表2-7 年間の生徒指導計画（A小学校の事例）

月	ステージ	おさえ	どんな子どもたちに（伸びていくには）	あいさつ・清掃の重点	指導項目，内容，行事等
4 5	なかよし	出会いを大切にし，一人ひとりのよさを把握する	○新しいクラスの友だちと仲よくなる。 ・自分から話をする，動く。（表現する） ・返事，あいさつをきちんとする。	［◎＝あいさつ，☆＝掃除］ ◎明るいあいさつをしよう ・家の人，地域の人 ・友だち，先生方 ◎「はい」の返事をしよう ☆新しい友だちと力を合わせて清掃場所をきれいにしよう	・学校生活の約束（申し合わせ事項） ・不審者・不審電話への対応の仕方 ・問題をかかえた子・登校渋滞時への早めの対応（関係機関・心の相談員と連携） ・交通安全指導 ・登下校の指導，通学路の安全確認 ・あいさつの仕方，清掃指導 ・給食指導 ・教育相談日の設定 ○避難訓練・避難経路の確認・子ども会下校 ○子どもを語る会
6 7	チャレンジ	一人ひとりのよさを認め，励ます	○自分のめあてに向かって練習したり，行動したりする。 ○友だちのよいところ，頑張ったところを見つけ，伝え合う。	◎さん，君で呼ぼう ◎最後までしっかり話そう ・自分のことは，自分でしっかり言う ☆時間を守って掃除をしよう	・廊下歩行 ・不審者の対応の仕方 ・仲良し登校の仕方・登校時刻の確認 ・プールでの使い方 ・校外での生活（田んぼの堰・花火・水の事故防止） ○防災訓練（地震・引き渡し訓練）
8			○自分の立てた計画にあきらめずに取り組む。		・夏休みの過ごし方 ○保護者面談
9			○友だちと一緒にめあてに向かって練習したり，行動したりする。		・子ども会登校，なかよし登校の指導 ・教育相談日の設定
10 11 12	みのり	よさを発揮できるように励ます	○友だちのよいところを自分に取り入れて，行動する。 ○自分のやったこと，できたことに自信をもつ。	◎場に合ったあいさつをしよう ☆黙ってやったり，工夫したりして掃除をしよう	・不審者・不審電話への対応の仕方 ・下校について（冬時間） ・冬休みの過ごし方 ・お金の使い方，火遊び防止 ・交通安全指導（交通教室） ○子どもを語る会・事例研究会 ○子ども面談
1 2 3	感謝	よさの伸長を図る	○友だちとかかわりあって，思いやりのある行動ができる。 ○「ありがとう」の気持ちをもって生活する。（友だち・もの・身の回り）	◎「おはよう」と「ありがとう」をいっぱいにしよう ☆感謝の気持ちで心を込めて掃除をしよう	・子ども会登校 ・なかよし登校の指導 ・気持ちよいあいさつ ・春休みの過ごし方 ・不審者・不審電話への対応の仕方 ・交通安全指導 ・お金の使い方 ○避難訓練（地震・津波）

ることも大切である。教師から1人の人間として認められ，人間的なふれあいをされたとき，子どもたちは自分がかけがえのない存在であることに気づかされる。明るく元気に発言する目立つ子ばかりでなく，おとなしく目立たない子も実は教師による声かけを期待している。特に恥ずかしがり屋で人づきあいの苦手な子どもには，教師はつねに気にしてあきらめずに声をかけ，支援・容認するといったことを怠ってはならない。あまり声をかけられない子どもは，しだいになげやりな気持ちになっていき，そこからは自己指導力は育たないのである。

ところで，先にもふれたように，いわば「教育の影の部分」である不登校・中退・いじめ・暴力等の問題が，近年大きな社会問題になっている。これらの問題の解消は，現実的に困難であるといわざるをえない。遊ぶお金がほしかったから，気に入らなかったからといって窃盗や暴力行為を犯してしまう非行少年，学校に居場所がないから，おもしろくないからといってすぐに不登校，退学してしまう少年の話を聞いていると，彼らがこれまで受けてきた多くの人の善意は何であったのか，小学校に勤務する筆者はわからなくなってしまうことがある。

一方，素行のあまりよくないA君が，中学校の勤労体験である「雪下ろし」に参加してから，人が変わったようになったという事例もある[6]。その理由は，地区の人から感謝されたことであるようだが，これは第6章で示されている「生きる喜び」の根源である「他に役立つ喜び」を，A君が感じたということである。そしてこの「生きる喜び」を与えることが，これからの時代を生きていくためのキーワードとなるのである。

「教育の影の部分」の問題への対応だけでなく，日常教師が子どもたちに人間の生き方，心のもち方などの基本を教えることを重視しなければならない。人間が生きることの意味，家族の大切さ，個人と社会のかかわり，自然の大切さなどを各教科や道徳，特別活動，総合的な学習の時間，学校生活全般を通じて，子どもに語りかけるのである。道徳の時間はもちろん，国語に家族のテーマがあれば，親や兄弟の愛の深さを語り，社会で外国の暮らしを学ぶテーマがあれば，言語や文化の異なる国に住む人も皆同じ人間であること，違いを認め

合い助け合うことの大切さを強調するのである。そして，環境をテーマに自然の美しさ，動植物の大切さ，それらとの共生なくして人間は生きることができない事実を語るのである。

そして，A君の事例のように，勤労体験やクラブ活動，校外学習等も大きな役割を果たすことは明らかである。学校の置かれた環境によって，例えば農作業の手伝いやお茶摘み，公園や道路の清掃なども考えられる。これらは子どもの発達段階に応じて，効果的に行うことを心がけたい。

さらに，家庭や社会の環境の変化から，基本的な生活習慣をうまく身につけていない子どもが増えてきている。親や家族，あるいは近所の大人たちが当然行っていた基本的な生活の習慣づけが，最近行われなくなってきているからである。豊かな社会におけるライフスタイルの変化によって，本来家庭や地域社会における教育力が，急激に減ってきているのである。そのため，これからの時代ではますます学校における基本的な生活習慣に関した指導が重要な意味をもってくる。周囲にある学校相互，さらには家庭・地域社会の三者が連携し，三位一体となって子どもたちをいかに教育するかについて合意形成に努めることが重要であることに留意したい。

最後に，文部科学省が1997（平成9）年度から一部の学校で「スクール・カウンセラー」を配置したことにふれておく。また，父母の教育相談のために教育委員会に教育相談員を配置した。1998（平成10）年度に中央教育審議会が「幼児期からの心の教育の在り方について」を答申し，すべての子どもがスクール・カウンセラーに相談できるよう提言した。これらは「教育の影の部分」の問題への対応および学校におけるカウンセリング等の機能を充実させるために実施されたものである。このように，学校教育においてようやく子どもたちの心理面のケアが注目されるようになってきたが，今後はスクール・カウンセラーを交えた校内研修などを適宜行い，教職員全員の共通理解のもとでこれらの問題に取り組んでいくことが課題となる。

6 学級・学年・学校運営の参加者として

(1) 学級運営

　学級とは学習集団・生活集団としての基礎単位であり，原則として同一学年の児童生徒によって編成される。学級運営とはその学校および学年の教育目標を具現化する1つの形である。学級運営は，一般に「学校経営の基本方針をもとに，学級を単位として展開される子どもたちの学習活動や集団活動が有効に成立するよう，人的・物的・運営的諸条件を総合的に整備し運営すること」（有村久春『キーワードで学ぶ　特別活動　生徒指導・教育相談』，2003）と考えられている。

　4月当初，子どもたちは「○年○組」と1つの学級の集団に位置づけられることとなる。これをスタートとして，子どもたちは多様な学習活動や係活動などを体験しながら，学級集団への所属感や連帯感を得ていく。子どもたち一人ひとりが自分のクラスへの所属を意識し，行動できる学級の雰囲気作りが，学級担任としての任務となる。子どもがクラスでの自分の役割を認識でき，仲間と協力し合いながら行動できる雰囲気であれば，安心して学級での生活，学校での生活を楽しむことができるのである。このように，学級運営で最も大切なことは，学級の集団作り＝学級作りであり，さらに指導の一貫性をどう図るか留意する必要がある。

　学級担任は，まず自分の受け持ったクラスをどのような集団に育てたいか，明確な考え・目標をもたなければならない。そのうえで，学級担任の学級経営に関する考えを子どもたちに上手に伝える必要がある。そうして初めて，子どもたちからの信頼を得ることができる。学級は，担任と子どもたちとの信頼関係のもとに成立するのである。

　さて，学級担任の指導のもと，学級の組織としては①係活動（手紙配布係や花係など），②当番活動（日直や掃除当番など），③学級会運営活動（学級委員・計画委員会），④生活グループ活動（1班，2班など）が考えられる。ここでは，子どもたちの自主的・協調的な役割分担が展開される。また，学級経営の内容は，各学級や学年の実態，子どもの発達段階，学級担任の経営観，学校の方針

などによって多様である。表2-8は，学級経営の基本要件として押さえておくべき内容である。

また，学級担任は教室環境の整備についても留意しなければならない。教室の換気や温度調節に気を配ることから，電灯，時計，テレビ，ビデオ，パソコン等の物的条件を整備する。教室内の掲示，展示物の飾り付けにも気を配り，学校目標や学級目標を掲示する。学習指導の発展につながるよう配慮しながら，子どもたちの図工作品（絵や立体物）や歴史年表，日本地図・世界地図等を掲示する。教室環境の整備は，学級における学習活動のいっそうの効果を期すものである。

そして，子どもたちの学級や学校での生活の充実を図るには，家庭や地域社会との連携が欠かせないことに留意したい。家庭や地域社会への働きかけは，本来学校として取り組むべき課題であるが，学級には，①保護者会，②三者面談，③家庭訪問があり，保護者と直接ふれる機会が多いのは学級担任である。これらの面談等をとおして，その子どもの生活状況や心情を広く深く理解し，その子ども・保護者を含めた教育相談の実施や学校・学級での教育活動へ生かしていくことが，学級担任の重要な仕事となる。

表2-8　学級経営の4つの基本要件

事項	具体的な内容
基本的要件 （基盤経営）	学年目標・学級目標の設定，子どもの実態把握，学年経営案・学級経営案の作成，係活動など学年・学級の諸活動の組織，学年・学級経営の評価の改善など
領域的要件 （授業経営）	（教育課程の編成・実施に関すること） 　学年・学級における各教科・道徳・特別活動・総合的な学習の時間の適切かつ効果的な指導と運営，具体的には指導計画づくり，教材研究，授業展開づくりなど
機能的要件 （集団経営）	（子どもとかかわる生徒指導に関すること） 　子どもの実態把握，集団内における個への援助・指導，子どもと教師の人間関係づくり，学級集団づくり，日常の生活の指導など
経営的要件 （環境経営）	教師の教育観の具現化，学級会コーナー・学年掲示板など教室の環境経営，学年・学級の事務運営，学校・学年・学級相互の連携，保護者・地域との連携・協力など

出典：有村久春『キーワードで学ぶ　特別活動　生徒指導・教育相談』金子書房，2003，p.25.

（2）学年運営への参加

　学級の運営においては学級づくりが重要であるとふれたが，それは「自分の学級さえよければ他の学級には口を出さない」という意味ではない。ある担任が1つの効果的な教育活動を考えた場合，それを必ず学年会（同学年部の教員による会合）に図ることが必要であり，何の相談もなしに実践することは控えるべきである。これからの学校は授業も学級経営も，同校の他の教師や家庭・地域社会の人々に公開することが原則となる。公開によって家庭・地域社会から理解と協力を得ることができ，また教師間の連携が生まれるのである。学級経営は，学年経営との深いかかわりが必要となる。

　同一学年の子どもたちの指導を同学年部の教師が連携して実践する場面としては，算数や英語などの習熟度の差が生じやすい教科，音楽・図工・家庭・体育などの専門教科，総合的な学習の時間などがある。教科の特性に応じて子どもたちを母学級や学級担任の指導から外し，習熟度別などによる小集団を構成して学習活動を行う。これは個々に応じた学習活動の充実を図り，子どもたち一人ひとりの実態に対応したものである。具体的には，算数の学習などで1つの学級に2人の教師が入って授業を行うTT（ティーム・ティーチング），2つの学級を3つのコース（3人の教師）に分ける習熟度別クラス（A：スピードコース，B：がっちりコース，C：ゆっくりコースなど），1つの学級から算数の学習が苦手な子ども4，5人を別の教室へ取り出して指導する少人数指導などがある。そのほか，例えば1組の担任が2・3組の音楽を担当し，2組の担任は1組の理科を，3組の担任は1組の体育を，級外の教師は3クラスの算数の時間にTTや少人数指導として入るなど，学年間における連携のもと日常の学習指導が実践されている。

　同学年部の教師は，各学級担任同士が連携し合い，子どもたちの情報交換や研修，教育相談等に当たることが重要である。普段の授業ではほとんど発言しない子が，学級担任でない教師の担当する体育では大活躍していることがある。各教科の違いによって，学級担任が普段見ることのない子どもたちの姿が表れている場合は意外と多い。これらの情報を正確に交換し，子どもを深く理解するとともに，「A君，跳び箱，すごく頑張ったんだってね」と学級担任がほめ

てあげることは,子どもにとって大きな自信となる。「(担任の)先生は,ほかの先生の授業のことも聞いてくれているんだ」と,子どもたちの教師を見る目にもよい影響を与えることとなるのである。

学習指導ばかりでなく,春の遠足,学芸会,合唱コンクール,自然教室,修学旅行など,学年合同の教育活動は多岐にわたる。最後に改めて,学級担任同士が連携し,子どもたちの指導にあたる体制が原則であることに留意したい。

(3) 学校運営への参加

学校運営とは,学校の設置者[7]および教職員が,学校に通う子どもたちの父母や地域住民などの協力を得て学校教育の目標を実現する活動のことである。それぞれの学校において教育目標を計画的・組織的に実現するために,学校にはさまざまな校務が存在する。具体的には,①教育活動に関する業務,②研修に関する業務,③学校事務などがあり,教師がこれらの校務を分担して処理することとなる。

校務分掌は,学校教育の目標を実現するために,教職員の共通理解のもと学校としての活動計画を立て,実践していくための仕組みである。表2-9は筆者の勤務していたA小学校の校務分掌の事例であるが,ここで重要なことは,教師間の協力体制をつくり,うまく機能させることである。例えばいじめの問題にあっては,学校の教職員全員の共通問題としてあたり,その子どもに学級担任ばかりでなく,同学年部の教師や生徒指導担当の分掌に当たる教師が中心となって協力しなければならない。それぞれの分掌がバラバラにあるのではなく,総合的にかかわるというシステムのもとで,各学級の個性を生かしつつ学年全体として,また学校全体として調和のとれた活動が行われることとなるのである。

最後に,学校教育の目標を実現させ,子どもたちの学校での生活の充実を図るためには,家庭や地域社会との連携が欠かせないことに改めて留意したい。家庭や地域社会が教育の場として十分に機能を発揮しなければ,子どもは基本的な生活習慣のつかないまま大人になっていく。既述のとおり,子どもの「生きる力」は家庭や地域社会において,親子のふれあいや友だちとの遊び,

表2-9 平成〇年度校務分掌 (A小学校の事例)

	1組	2組	3組	4組	5組	学年担当
1年部	学年副主任 交通安全指導 学力診断 補導	生活科主任 福祉人権教育	国語主任 学級活動 (事業部)	学年主任 評価評定委員会 (副) 幼保連絡会		
2年部	学年副主任 清掃指導 清掃用具 (主) (環境整備部)	栽培 (主) ビオトープ (副)	研修副主任 教育研究会 道徳主任 教師用図書	学年主任 教材選定委員会 (副)		図工主任 生涯学習担当 学籍
3年部	学年主任 教材選定委員会 (主)	特別活動副主任 書写主任 教科書	音楽主任 児童用机椅子 出席統計 (副) (親睦部)	生徒指導副主任 防災安全指導 安全点検		学年副主任 司書教諭 図書館教育 児童用図書
4年部	委員会活動 拾得物,飼育 職員厚生 (育成部)	栽培 (副) 児童貯金	学年副主任 社会主任 教材教具検討係	学年主任 評価評定委員会 (副)		養護学級主任 特別教育支援コーディネーター 就学指導
5年部	学年副主任 総合的な学習の時間 ALT担当 (広報部)	家庭主任 クラブ活動 清掃用具 (副)	体育主任 体育施設 保健主事 保健指導	算数主任 給食指導 出席統計 (主)	学年主任 教材選定委員会 (副)	生徒指導主任 環境教育 (主) ビオトープ (副)
6年部	学年主任 評価評定委員会 (主) 進路指導	児童会活動 情報教育 補導	学年副主任 特別活動主任 学力診断	研修主任 理科主任 ビオトープ (副)		国際交流 環境教育 (副) ビオトープ (主)
級外	校長 事務主査 〈非常勤講師〉 〈給食支援員〉	教頭 市業務員 心の教室相談員	教務主任 市事務員 小一支援員	養護教諭 小一支援員		

地域の人々との交流などさまざまな活動を通じて根づいていくものである。今後の学校教育のなかで,学校・家庭・地域社会の三者が連携した教育活動を実践していくこと,また,学校が家庭・地域社会へ働きかけることが課題である。

注
1) 携帯電話(PHS・スマートフォンを含む)の利用項目については,メール (74.1%),「調べもの」(42.0%),「(音楽や動画等の)閲覧」(33.2%),「ゲーム」32.2%,「SNS

サイトなどインターネット上でのコミュニケーション」(20.8%),「(音楽や動画等の)ダウンロード」20.5%,などとなっている。
2)「不登校」の児童生徒数の推移をみると,1991（平成3）年度以降2倍以上に増加し,2009（平成21）年度では年間12万2432人となっている。最近はやや減少しているが,これは学校で個に応じた指導が積極的に行われるようになったことや,教育委員会や民間の教育施設で不登校児童生徒のサポートに取り組むようになったからであると考えられる。

　「中途退学」の生徒数の推移（図2-4参照）をみると,中途退学者が最も多かったのは1990（平成2）年度の12万3529人である。高校生総数からみた中途退学率は,1997（平成9）年度,1998（平成10）年度,2000（平成12）年度および2001（平成13）年度が,いずれも2.6%で過去最高を記録している。2009（平成21）年度では年間5万6947人（1.7%）であり,最近は減少傾向にあるが,高校生の中途退学率は改善がみられないのが現状である。

3) 1993（平成5）年度までは,いじめを「①自分より弱いものに対して一方的に,②身体的・心理的な攻撃を継続的に加え,③相手が深刻な苦痛を感じているものであって,学校としてその事実（関係児童生徒,いじめの内容など）を確認しているもの。なお,起こった場所は学校の内外を問わないもの」として,公立小・中・高等学校を調査対象としている。

　1994（平成6）年度から2005（平成17）年度までは,いじめを「①自分より弱いものに対して一方的に,②身体的・心理的な攻撃を継続的に加え,③相手が深刻な苦痛を感じているもの。なお,起こった場所は学校の内外を問わない」として,特別支援学校も調査対象としている。

　2006（平成18）年度から,いじめを「当該児童生徒が,一定の人間関係のある者から,心理的・物理的な攻撃を受けたことにより,精神的な苦痛を感じているもの。なお,起こった場所は学校の内外を問わない」として,国立・私立学校も調査対象としている。

　そのほか,1994年度および2006年度に調査方法等を改めており,2005年度までは発生学校数,2006（平成18）年度からは認知学校数であることに留意する必要がある。

4) 2006年の教育基本法改正にともない,いわゆる「教育三法」（「学校教育法」「地方教育行政の組織及び運営に関する法律（略称：地教行法）」「教育職員免許法及び教育公務員特例法」）の改正が2007（平成19）年にあった。

5) 「学校」の定義が,学校教育法第1条に記されている。それによると,「学校とは,幼稚園,小学校,中学校,高等学校,中等教育学校,特別支援学校,大学及び高等専門学校とする」と定義されている。ここには専修学校は入っていないが,この専修学校もまた学校である。学校教育法第82条の2に,「第1条に掲げるもの以外の教育施設で,職業若しくは実際生活に必要な能力を育成し,又は教養の向上を図ることを目的として次の各号に該当する組織的な教育を行うもの（当該教育を行うにつき他の法律に特別の規定

があるもの及び我が国に居住する外国人を専ら対象とするものを除く）は，専修学校とする」と定義されている。一般に，学校教育法第1条で学校と定義された学校のことを「1条校」とよんでいる。
6) 川野辺　敏・小林晃一『新任教師への手紙』ぎょうせい，1989, p.76.
7) 学校の設置に際しては，設置者に対する制限および設置基準が設けられている。学校教育法第2条「学校は，国（国立大学法人法（平成15年法律第112号）第2条第1項に規定する国立大学法人及び独立行政法人国立高等専門学校機構を含む。以下同じ），地方公共団体（地方独立行政法人法（平成15年法律第118号）第68条第1項に規定する公立大学法人を含む。次項において同じ）及び私立学校法第3条に規定する学校法人（以下学校法人と称する。）のみが，これを設置することができる」として，学校の設置者を国・地方公共団体・学校法人の三者に限定している。

参考文献
五十嵐　顕他（編）『岩波教育小辞典』岩波書店，1982
川野辺　敏・小林晃一『新任教師への手紙』ぎょうせい，1989
川野辺　敏・小林晃一『再び新任教師への手紙』ぎょうせい，1991
教職問題研究会（編）『教職論——教員を志すすべてのひとへ』ミネルヴァ書房，2002
蔵元幸二・半田　博（編）『21世紀の教職——生きる力を育む』EXP，2002
千石　保『日本の高校生——国際比較でみる』日本放送出版協会，1998
中谷　彪・浪本勝年（編）『現代の教育を考える［三改訂版］』北樹出版，2002
ハヴィガースト（著），荘司雅子（監訳）『人間の発達課題と教育』玉川大学出版部，1995
ピアジェ（著），波多野完治・滝沢武久（訳）『知能の心理学』みすず書房，1998
松島　鈞他（監修）『現代学校教育要論——教職教養の教育学』日本文化科学社，2002
文部科学省『生徒指導提要』教育図書，2010

第3章
授業実施上の心得

教師はすでにみたように，多くの役割を担っているが，専門職として最も期待されているのが「授業者」としての教師であることはいうまでもない。ただ，授業者の位置づけや性格が大きく変化していることを知り，その中での授業が問われていることなど，過去の授業者との質的変化をも視野に入れておかなければ，単に知識の注入に終わる危険性がある。そこで，以下では授業を行う際につねに留意しておくべき事柄について，改めて述べておくことにする。

1 授業の前に

まず，留意しておかなければならないのは，「学校観」「教育観」の転換の中での授業ということである。生涯学習社会の到来の中で，教育は青少年のみを対象とし，学校内だけで行われるというものではない。基本的には教育は生涯にわたって営まれるものであり，青少年時代の教育は「生涯学習の基礎を培うものである」ということ，つまり，学習の「継続」を前提にした授業を行うことが求められているのである。

別言すれば，子どもが1人で学ぶ力（自己学習力）を育てることが重視されることになったのである。特に自己学習への転化という重要な仕事が授業に加わったということは，従来の授業の姿を変更しなければならないものである。知識・技術を教授するだけであれば，子どもを一定の時間静粛にさせ，授業に集中させることを考えればよかったが，これでは子どもが自ら学ぶ力への転化にはならない。問題は子どもが授業をおもしろいと感じ，自分でもやってみようとする「意欲」を引き出す授業，ある課題をどんな手順で進めれば解決できるのかという「学習の方法」の工夫が必要なのである（これについては第2章4節（3）参照）。総じていえば，教師にとってというより，子どもにとって「わくわくする，おもしろい授業」を展開することが，これまで以上に求められている。

これを実現するためには，授業前の準備が最も大切である。教科書のみを視野に置き，知識中心の授業計画を立てるだけでは不十分なのである。授業の準備の過程で，子どもにとって心がときめく教材は何か，興味・関心を引く教材

は何か，という視点で教材を幅広く準備することが必要である。日常の生活，新聞，テレビ等身近な材料を収集しておき，目的に合わせ，また，臨機応変にその材料を提示できるよう準備しておくことが授業を活性化することにつながるのである。子どもへの提示の方法は教師の考え方でよい。言葉で語りかける，黒板に書く，教材として表や絵にする，映像を活用するなどが考えられよう。いずれにせよ，子どもの状況に合わせて，収集した教材を使い分けて授業に生かす作業が要求されるのである。この場合，子どもの印象に残っている情報，身近で理解しやすい情報の活用が効果を生むのであり，そのためには使い古した過去のものでなくフレッシュな情報の収集が欠かせないといえよう。このように，授業以前の日常の幅広い情報の収集・整理がきわめて大切であることに留意してほしい。

2 授業の心得──授業の4要素・授業のスタイル

(1) 授業の4要素

　授業は学習の目的を達成するために教師が計画・実施する教授活動である。その授業は次の4つの要素から成り立っている。まず授業の目的であり，単元の全体像の把握とともに，一定の時間内に何を教えるかの明確な目的がなければならない。例えば，小学校1年の国語の時間で漢字を指導する場合，どの漢字を習得させるかの明確な目標をもって授業に臨まなければならない。そこで「授業計画」の作成が欠かせないのである。計画作成にあたっては，授業の過程では目的の明確化以外に「教師」「児童・生徒」「教材」の3つの要素があり，そのどれもが授業の成果に関係することを念頭に置かなければならない。当然ながら，教師の巧みな説明・正確な板書，さらには子どもの興味を引く教材の提示などが必要であり，さらに大切なのは子どもの状況の把握である。学習への意欲が高まっているか，理解可能な準備ができているか，などが授業の成否にかかわってくるし，さらに，個々の子どもを見わたした場合の授業のあり方も考慮しなければならない。これらの要素の存在をつねに意識した授業が求められるのである。

これを別の視点からまとめてみると，授業にあたって求められる教師の資質は，①授業の技術（スキル），②教師のリーダーシップ，③子どもの内面理解，④教科の専門性，ともいえる。そのどれを欠いても，よい授業を行うことは困難である。これらをつねに念頭に置いて教師は自己の向上に努めることが求められている。

(2) 授業のスタイル

ひと口に授業といっても，その目的によって多様な形態が考えられる。一般的なものとしては，「一斉学習」があり，子どもたち共通に理解させることを目的として，基礎的・基本的な内容を扱う場合に用いられる。少人数学習やグループ別学習など，一斉授業との組み合わせによって学習効果を高める場合も考えられる。このほか，近年では子ども個々人の能力や興味・関心，あるいは子どもの特性に配慮した授業も積極的に進められている。習熟度別学習・深化学習・補充学習・発展的学習などがそれであり，いつ，どのような状況で，どんな授業形態の学習を行うかが問われることになる。

従来，当然のこととして行われてきた一斉学習のみで中程度の学力の子どもを対象にした授業を行うことは，子どもにとって不幸なことであり，できる子にはその子なりの，理解の遅い子にもそれなりの指導が必要なのである。ただ，一斉授業以外の授業を行う場合には細心の注意が必要であることを忘れてはならない。授業は個々の子どもに基礎基本を定着させ，さらに子どもの特性や学力の状況に応じてきめ細かく指導するものではあるが，子どもに差別感や劣等感を生むものであってはならない。子ども自身の正直な納得や父母の理解および学校内の先生方の同意が欠かせない。だからといって従来どおりの一斉指導に終わってはならない。基本は子ども一人ひとりが，学習内容を十分理解したかどうかが問題なのである。これらに留意しつつ，一斉授業でこの目標が達成されたかどうかを吟味し，不十分な場合は，授業形態の多様化を積極的に行う体制をとることが必要なのである。

授業のスタイルについて留意するとともに，いずれのスタイルで授業を行ったとしても，大切なことは，子ども一人ひとりに授業についての満足感を与

え，さらに自分自身で学んでみたいという意欲を育て，子ども自ら学ぶ習慣を身につけさせるような指導のあり方を工夫することである。そのためには，基礎基本の習得に加え，「学び方」を習得させなければならない。「学び方」の指導は教科により子ども個々人により差異があるが，各教科に関連した教材等（辞書・事典・地図・図鑑・年表・ビデオなど）の紹介や見方などで終わってはならない。子どもの個性に合わせた学び方を考えたり，授業を工夫することも必要である。子どもの認知のスタイル（疑問型・理由付け型・学習記憶型・イメージ型などがあるといわれる。学校教育研究所（編）『個を生かす学習指導』，2003）や，子どもの学力水準によって，子どもに適した学び方があり，指導の方法も違うはずである。必要なことは，日常子ども個々人の性格や学習の実態を十分把握しておき，子どもに合った学習の仕方を指導するということである。別の面からいえば「ある子どもにとって難しすぎず，やさしすぎない」課題を考え，それを授業の内外で与える準備を怠らないということである。子ども自身が「成就」「進歩」の喜びを体験できれば，学習は継続されるはずである。

3　先人たちの実践を参考に──ルソー，ヴィゴツキー，デューイ，マカレンコ，ピアジェ，シュタイナー

　教育は長い伝統をもって営まれてきたものであり，時代時代に偉大な思想・実践家が現れ，私たちの教育の考え方や実践に大きな影響を与えてきた。時代は変わり，人々の生活や考え方も変化してきているが，人間を育てるといった本質的な部分では変わりはない。そこで，教師としてはそれら先人の思想と主な業績について知っておくことが大切である。特にわが国の教育に影響を与えた人々で，今も影響を与え続けている先人について，主要と思われる人々について簡単に解説しておく。

（1）子どもにこだわる──ルソーの立場

　ルソー（フランス，1712～1778年）は，教師であればどうしても知っておいてほしい人物である。教育というと，とかく大人の側からその思想を押しつ

けることが当然のように考えられる。それに対して彼は「子どもを知れ」という。子どもの成長発達に合わせた教育こそ必要であり，ある段階では「消極的教育」さえ必要だという。押しつけの教育は子どもの豊かな感性を破壊してしまうとも考えている。『エミール』の序文にある「人は子ども時代というものを知らない。いつも子どもを大人に近づけることばかりに夢中になっていて，大人になるまでの子どもの状態がどんなものであるかを考えてみようともしない」という言葉は現代にも大きな意味をもっている。私たちは，子どもを教えることに気をとられすぎ，知識注入のために四苦八苦していないだろうか。子どものびのびとした感性を傷つけてしまってはいないだろうか。科学が進歩発展し，多くの知識が求められる現代において，特にルソーの「子どもに帰れ」という思想を重く受けとめてみる必要があろう。

(2) 子どもの能力を引き上げる——ヴィゴツキーの立場

　子どもの特性を十分理解し，大人の押しつけを慎むのは当然であるが，だからといって子どもの潜在的能力を放置しておいてはならない。可能性を十分に開花させるのも教師の重要な役割である。そこで，頭に入れて置いていただきたいのは，ヴィゴツキー（旧ソ連，1896～1934年）の考え方である。彼は，短い人生の中で世界の教育界に大きな影響を与え，わが国でも多くの教育関係者に高く評価されている。彼の発想は，教育においては子ども自身の成長・発達が基本ではあるがそれには限界があり，それをさらに引き上げる教師による専門的な指導が欠かせないと考えている。自然発生的な概念と科学的な概念の相互関係の中で，子どもの発達は促進されるという発想である。この考え方は，一般的には「発達の最近接領域」という言葉で表現されているが，教師による巧みな言葉・教材などにより，子どもの自然発生的知識（自己学習や家庭内や友人などとの交流の中で身につけた知識）を引き上げることの中に教育・教師の意義があるととらえているのである。わが国の教育の現状を眺めると，子どもの自己学習力の向上という目標にこだわり，「教えること・教授すること」に躊躇する教師の姿が浮かんでくるが，基礎基本の教授の徹底や子どものもつ可能性を引き上げる努力を否定するものではない。ヴィゴツキーの考え方は教

師の専門性の一部を改めて考えるヒントになるものと考える。

(3) 実体験の重要性——デューイの発想

デューイ（アメリカ，1859～1952年）は，戦後日本の教育に大きな影響を与え，日本の教育を語るとき，教師であれば誰でも知っておかなければならない人物である。子ども自身の主体性・創造性を重視し，戦前の教授主体・教え込み主体の教育から今日の教育への転換をもたらしたのも，デューイの思想が土台になっている。戦前わが国には存在しなかった社会科が新設され，子ども自身による社会調査などを行ったのも彼の影響といえる。

それらの中で特に注目したいのは，子ども自身による体験活動の重要性の指摘である。教師は当然，教室内で各教科についての知識を体系的に教えることが必要であるが，デューイは子ども自身による体験を基本においている。彼はシカゴ大学の実験学校の指導を行っているが，そこではカリキュラムの構造の基本に「仕事」を置いている。具体的には，「園芸」「料理」「織物」「大工仕事」などであるが，これら仕事（体験）を通じて知識と同時に学ぶ意義や意欲を身につけさせる必要があると考えたからである。「学校教育の価値の基準は，それが連続的成長への欲求をどの程度までつくりだすか，そしてその欲求を実際に効果あるものにするための手段をどの程度まで提供するかということなのである」（『民主主義と教育』）と書いているが，仕事（体験）こそ意欲を向上させ，生活に活用できるものとしているのである。

もちろん，このような仕事本位の教育を行うことは，今日の学校教育では不可能であるが，この考え方，別言すれば「学校教育と生活との結合」の思想は大切に受けとめておかなければならない。

(4) 集団の教育力——マカレンコの実践

授業は教師対児童生徒との関係であるという従来の考え方に「集団」の要素を導入したのが，マカレンコ（旧ソ連，1888～1939年）である。彼はウクライナの地で教師としてソビエト革命後の1920～1930年代の困難な時期に，浮浪児・孤児・非行少年等を対象にしたコローニャやコンムーナといった施設

で活躍した人物で，その実践は戦後の日本の教育界にも大きな影響を与えている。彼の実践の中では，「子どもに対する要求と尊敬」の原則があり，子どもに対しての教師側の明確な要求がなければならず，それは子ども個々人を深く尊敬するがゆえのものであるという。子どもの自主性を尊重するがゆえに，教師が窓の近くで手をこまねいていてはいけないという警告となっている。これと同時に，大きな意義をもっているのが「集団が個々の子どもを育てる」という，集団の教育力を明らかにしたことである。彼の実践によれば，子どもによる集団を構成し（班・隊といったもの），そこで目的をもった活動を展開し，それを成就することにより，集団を構成する個々人が，活動の過程で成長するという論理である。

集団作りのメカニズムは，3段階があげられ，①教師が子どもに働きかける段階（信頼できる指導的子どもの発掘），②アクチーフとよばれる中核になる子どもと教師による連携の段階，③集団自体が目標をもち活動する段階，がそれである。彼の場合，対象とする子どもが問題をかかえていたという状況が背景にあるが，クラスの結集がなければ授業も生徒の生活も乱れてしまうのは経験上明らかである。そこで，子どもの集団がばらばらで相互理解・援助や協力の体制を組む必要がある場合などには，集団を強化しその教育力を活用することが，1つの大きな成果をもたらすことになろう。

(5) 子どもの発達段階への示唆──ピアジェの論理

子どもはその成長・発達の段階に特色をもっているのは，経験的に十分理解できるが，それを心理学的に明示したのはピアジェ（スイス，1896〜1980年）であり，彼の論理は日本の教育関係者に大きな影響を与えている。彼の考え方の基本にあるのは，認識がどのように発生し，形成されるのかという問いであり，幼児期から青年期にいたるまでの知能は「主体と環境の相互交換過程」により単純なものからしだいに精緻な構造に到達するというものである。さらにいえば，下位の構造を包摂しつつ，しだいに高い構造に到達するものであり，外部の諸事象を，今もっている構造に合体する作業（同化）と外部の諸事象の変化に適応させるべくもっている構造を変容させる作業（調節）によって発達

が促進されるというものである。

具体的には，知能の発達段階を，①感覚・運動知能の時期（0〜2歳），②前操作期（2〜7歳），③具体的操作期（7〜11・12歳），④形式的操作期（11・12歳〜14・15歳以降）というように，子どもの成長過程に合わせてその時期の特徴を明示し，発達段階に合致した指導を求めている。例えば，小学校入学年齢の子どもは前操作期に当たり，この場合まだ直感的な思考力が強く，水の量をとらえる場合はコップに入った水の高さだけで判断する。体積全体を教えても理解できない段階だという。具体的な操作期に入ると，思考は具体的であっても，もろもろの具体的操作は個々ばらばらではなく一定の群や構造をなしていることを理解できるようになる。前述のコップの水についていえば，「加えも取り去れもしない水の量は変わらない」（同一性），「もとのコップに戻すと同じ高さになる」（還元），「水の面は高くなっているが，それは細いコップだから」（相補性）などを理解するようになる。さらに，形式的操作期になると，現実的には存在しないが，仮説的・演繹的な操作が可能になり，高い次元の思考が可能になるという。この年齢区分はもちろん周囲の環境や子ども個々人の発達の度合いによって同一ではないが，子どもを指導する場合に十分留意するべきものと考える。

（6）感性教育重視への指向——シュタイナーの視点

シュタイナー（ドイツ，1861〜1925年）の評価は近年高まりを見せている。「自由ワルドルフ学校」あるいは「シュタイナー学校」という名の学校が世界各地に設置されるようになり，わが国でも支持者が多い。その理由は，彼が今日の物質主義万能の世相に真っ向から挑戦し，心（精神）の充実を正面から取り上げているためであろう。彼は幅広い活躍を行ってきたが，基本的には人間性の回復，精神の主体性回復に主眼を置き，精神生活における「自由」，法生活における「平等」，社会生活における「友愛」をあげ（「社会構造の三層分化」），その実現のために特に人間個々人の精神の自由を強調している。

教育の実践面では，1919年にシュトットガルトにワルドルフ学校を設置し，豊かな精神に富んだ子どもの育成に取り組んでいる。彼は，子どもには

3段階の変容期があり，それを「第一の誕生」（生後歯牙交代期までで，外界と直接触れ関係をもつ時期），「第二の誕生」（感性が環境世界と直接交流できる時期），「第三の誕生」（知性が自力で思考を形成する時期）ととらえ，学齢期（第二・第三の誕生期）では1年から8年までの一貫教育が重要で，特にこの期間に感性を育てることが大切であると考えている。実践面ではオイリュトミー（身体表現を用いて川・山・動物などを描かせるもの）や芸術・技術教科の重視，基礎的教科の美的・芸術的指導の工夫（教師による美しい表現や絵の導入など）により，子どもの精神世界を豊かにすることに重点を置いている。換言すれば，学校とは単に知識を授ける場ではなく，教育芸術の場であるともとらえられよう。シュタイナーとの関連でいえば，スホムリンスキー（ウクライナ，1918～1970年）も同様の実践を行っている。例えば，文字「山」「家」などを教える場合にも，ふるさとの山やそのかたわらの住居を描き，そのイメージと合わせて文字を教えるといった方式である。このようなことは，効率からいって受け入れられるとは思わないが，子どもの精神世界に迫る指導という点ではつねに頭に入れておく必要があろう。

4 「調和」の大切さ

これまで，授業を行う前の，また，授業実施にあたっての留意事項を書き，また，これまでわが国の教育に大きな影響を与えてきた先人について簡単にその思想や実践についてふれてきた。これらのことは個々にはきわめて重要であり，参考にしなければならないが，大切なことはどれか1つのみに執着することは危険でもあるということである。教育はきわめて微妙な行為であり，あるときには一斉授業を，あるときには個別授業を，そしてあるときには人格形成に力を注ぎ，あるときには体験活動に留意しなければならない。1つの考え方や方法だけでよしとするのはきわめて危険なのである。目的に応じ，状況に応じ，方法を考え，実践しなければならないのが教師の役割であり，難しさでもある。このようなことから，指導にあたっては次のことを念頭に置いてほしいのである。

①教授と学習の調和

　教えることと子ども自身が学ぶことを，授業の全体あるいは授業計画全体の中で十分検討・吟味して指導にあたる。

②個別学習と集団的学習の調和

　集団（一斉学習）で教える場面は何か，個別的に指導しなければならない場面はどこかなど，教科や単元により十分考慮して，両者を子どもの実態に合わせて考える。

③机上の学習と体験学習の調和

　指導上，いずれかに偏るのは適当ではない。教科によっても違いが生じる。単元の特性を考え，可能なかぎり生活や体験を導入することを考えた授業が望ましい。

④教科指導と生活指導の調和

　教科指導は学校の最も重要な役割であるが，人格形成抜きに指導を行うわけにはいかない。人格形成重視はよいが，それだけでは学校教育の使命を十分果たせない。授業の中でも，あるいは授業以外の諸活動の中でも豊かな人間を育てるという視点を大切にし，両者の調和を図る必要がある。

⑤教師の要求と子どもの興味関心の調和

　教科指導の中で，子どもの興味関心に合わせることは重要なことであるが，専門職の教師は明確な目的をもち，授業を行っている。子どもの実態に合わせ，あるときは教師の側から確固とした「要求」を示し，またあるときは「子ども主体」の授業を展開しなければならない。両者の調和をどう実現するかが問われている。

　これら以外にも「調和」の観点が欠かせないであろうが，その前提として繰り返し述べてきたことであるが，教師自身の専門性と人間性が深くかかわってくることは自明のことである。尊敬される教師，好かれる教師でなければ，どのような対策も空虚な結果になる。つまり，教師として専門性を鍛え，人間としての生き方にこだわるものであるということである。子どもが好きで，子どもとともに上ろうとする教師，一人ひとりの子どもにこだわる教師，父母・地

域住民に信頼される教師——このようなことを願って，絶えず教師自身が向上する姿が子どもに強い影響を与えるのである。

参考文献
ヴィゴツキー（著），土井捷三・神谷栄司（訳）『「発達の最近接領域」の理論——教授・学習過程における子どもの発達』三学出版，2003
川野辺　敏『ソビエト教育の構造』新読書社，1978
川野辺　敏『白樺のなかの子どもたち——ソビエト教育探訪』大月書店，1983
川野辺　敏他『図書教材研究シリーズ——13　授業と教材　教材の正しい理解と活用のために』図書教材研究センター，1998。
シュタイナー（著），高橋　巖（訳）『自由の哲学』筑摩書房，2002
スホムリンスキー（著），川野辺　敏（監訳）『子どもを信頼しよう』新読書社，1984
デューイ（著），松野安男（訳）『民主主義と教育』（上・下）岩波書店，1975
平塚益徳（監修）『改訂増補 世界教育事典』ぎょうせい，1980
ピアジェ（著），波多野完治・滝沢武久（訳）『知能の心理学』みすず書房，1998
マカレンコ（著），池田貞雄（訳）『集団主義教育の方法論——教育活動をどう組織するか』明治図書出版，1976
ルソー（著），今野一雄（訳）『エミール』（上）岩波書店，1962
ルソー（著），今野一雄（訳）『エミール』（下）岩波書店，1964

第4章
子どもとの接し方

優れた授業を行うことが専門職としての教師の任務であることは当然だが，授業実施中あるいは学校内・教室内で子どもとどう接し，どう向き合うかが教育のカギになることはいうまでもない。そこで，以下では教師が授業や教室内外の具体的な場面に遭遇したとき，どんな原則で対応したらよいかについて，述べておきたい。

1　子どもとともに上るという姿勢

　教師は大人であり，専門家であるという立場から自分自身の経験や専門性をもつがゆえに子どもに教える，伝えるという役割を担っているが，この意思が強すぎるとよい教育は行えない。子どもの人格や自尊心を傷つける危険性があり，指導そのものも成功しない。教育は教師と児童生徒の相互信頼，相互作用の成果だからである。信頼されない教師がどのように専門性から子どもに接近しようとしても，子どもは聞く耳をもたず，授業も挫折してしまうのである。そこで，一般には「子どもの目線で教える」という言葉がよく使われるし，教師エレベーター論を唱える人もいる。教師は高いところから子どもの次元に降りていき，子どもに接し，子どもを連れて高いところまで引き上げていくのでエレベーターにたとえたものである（上寺久雄『師魂教才』，1995）。ともかく，子どものところまで降りていき，ともに上るということが大切であることを言い表したものとしてつねに心がけていただきたい。授業を行いながら，教師はよく「なぜこんなことがわからないのか」「優しく説明しているはずなのに」と思うことがある。しかし，それは専門家としての教師の発言であり，子どもの側からは逆に「なぜわかりやすく教えてくれないのだろう」「わかりたいと思っているのに」といった悲鳴が聞こえてくるのである。これに応えてあげるのが教師なのであり，専門家なのである。

　教師は子どもの中に入り込み，個々の子どもと接し，ともに行動しながら，子どもを感じとる中で，別言すれば「同行」しながら子どもを一定の高さまで引き上げていくのであり，この姿勢がないと子どもと離れ，距離が遠くなり，やがては子どもから魅力を感じない教師と烙印を押される結果になりかねない。

子どもとのふれあいの中で，授業の過程で，教師も日々成長しているのであり，子どもから教えられている存在でもある。この感覚のない教師は本物の教師ではないし，成長しない教師であるともいえよう。心しておきたいことである。

　そして，教育に情熱を傾けて，子どもの中に入り，子どもとともに上る姿勢は不可欠であるが，第1章でもふれたように，教師はまずもって人間であることの自覚が大切である。知らないこと，わからないことがあって当然であり，間違いを犯すこともしばしばあるはずである。そんなとき，間違いを正当化しようとせずに，「先生は間違ってしまった」「ここは先生もわからないよ」と子どもたちに話しかけ，そして一緒に勉強しようという方向に転換するのがよい。「教師ではあるが人間なんだ」と自分に言い聞かせ，子どもたちの思いがけない，優れた発想があればほめてあげ，「先生はそんなことに気づかなかった。すばらしいね」とひと言添えることができれば，それが教師の専門性である。大切なことは，教師自らが子どもとともに上ろうとする姿勢なのである。

2　見るということ

　教師は子どもの状況全体を，また，一人ひとりの個性（能力・興味・関心等）を十分観察することを宿命づけられている。子どもを知らなければ指導はできない。そこで，日常，特に子ども個々人に注目する必要がある。しかし，子どもの状況を正しく把握することは不可能に近いといえる。生徒の非行や犯罪の場面での教師の発言は，つねに「学校では特に変わった子どもではなかった」というのが決まり文句である。たしかに子どもの姿は見えにくいし，極言すれば不可能であるといえよう。画家の東山魁夷さん（文化勲章受賞者）が『風景との対話』の中で「私はいままで随分山野を歩き回って写生をした。同じ場所へも度々いっている。しかし，自然は生きていて常に変化していくものである。昨日見た風景を今日見た場合もそういえる。いや，往きに見たときに面白いと思った情景をその辺りを一回りして帰ってみるとまるでつまらなく見えることがある」と書いている。自然は見えにくいことを書いているのである。同じ画家の岩橋英遠さん（文化勲章受賞者）も『道産子追憶絵巻』の中で「迂闊な話

だけれども，70年を生きてきて，この頃ようやく網膜に映ることと見たこととは全く別なのだと分かったように思う」と書いている。画家は自然を対象にしているが，教師は生きた子どもを対象にしており，さらに複雑であることは間違いない。同じ子どもでも1時間目の姿と午後の姿はまったく別に見えることもしばしばあることなのである。

そこで，どうすればよいのかと，問われることになる。東山さんの答えは，画家が苦しみながら努力すれば，自然のほうから「画いてくれ」と近寄ってくる，というのである。子どもの将来を思い，懸命に努力すれば子どものほうから「私を見てほしい」と近寄ってくるといえるだろう。ただ，どう見るかについては疑問が残る。宮本武蔵は『五輪の書』の中で，「観見二つのこと，観の目強く，見の目弱く」といっている。難しいことではあるが，表面的な言動より，子どもの心，内面を強く見ることを教えたものである。日常の子どもの言動を眺める際の参考にしてほしい。

3　聞くということ

子どもの状況をよく見ることとも関連するが，子どもからの話を聞くことが子ども理解を深めることになる。特に子どもの言動を受容することで，教育で最も大切な，教師への信頼を深め，やる気を引き出す契機にもなる。教育相談では，ロジャーズの来談者中心の理論が現在でもよく使われているが，健常者の場合でも子どもの言い分を十分に聞くことは欠かせないことである。どのように教師が子どもの状況を推測してみても，直接話を聞いてみないと判断を誤ることがあるのは，経験の長い教師からもしばしば聞かされる事実である。黒柳徹子さんが書いた『窓ぎわのトットちゃん』という本には，トモエ学園の校長先生の話が載っている。先生は「なんでも先生に話してごらん。話したいこと全部」と言って，彼女から数時間にわたって話を聞いてくれたと書いている。前の学校で規則に縛られ，注意を受けていた彼女は，そのときから学校がおもしろくなり，現在に至ったというのである。もちろん，1人の子どもだけに長い時間をかけることはできないが，子どもに耳を傾けることが，よい教育を行

う際にきわめて重要であるということができよう。

　ついでながら，「待つ」ということもあわせて考えておいてもらいたい。定められた時間に一定の成果を上げなければならないという思いの中で，教師はあせり，つい，待つことができないというケースが多い。大切なことは，子ども一人ひとりが理解できた，進歩したという成就感・充実感を味わわせるのが優れた授業であるはずなのに，わずかな時間を待てないばかりに授業が形式的に終了することが多いのである。聞ける教師，待つことができる教師を期待したい。

4　言葉の重み

　教師が子どもに自分自身をあるいは自分の考えを理解させようとした場合，言葉に頼ることになる。表情や行動や映像などで子どもの理解を助ける場合もあるが，教師の発する言葉で勇気をもらう子どももあれば，傷ついて立ち直れなくなる子どももいる。また内容を十分理解できた子どももいれば，わからないまま授業を終える子どももいるのである。そこで，授業の場面を想定して言葉を考えてみると，以下のように，いくつかの基本があるように思える。

　まず，当然ながら「わかりやすく，丁寧に」ということである。ただ，子どもたちが授業に集中する状況になっているかが前提になければ意味がない。そのために，経験ある教師は子どもに身近な話題を提供したり，学習の大切さを日常の中から探し出したりして，子どもの学習への構えを構築しておくことが重要であろう。授業の内容だけでなく，教師はつねに懐を深くし，子どもの興味や関心を引く教材を準備しておくことが大切なのである。その前提で，子どもの状況に合わせてわかりやすく，丁寧に話すことを心がけることである。第二に，技術的な面で「間」を大切にすること，また，「声の調子」に気をつけることなどがあげられる。教師の立て板に水のような一方的な説明では子どもはついていけない。子どもに考えさせ，想像させる時間的余裕が必要であるし，また，同じ調子の説明では子どもの緊張は途切れてしまう。静かな流れがあり，急流があるといった調子が子どもにとってときに安らぎを与え，ときに緊張を

与えて，結果的にはよい効果を収めることになるのである。以上は技術的な問題であるが，それは教師の感情によって左右されるものである。子どもへの愛，理解させようとする情熱に裏打ちされていなければどんな手法も効果を表さないことを十分認識しておいてほしい。

　授業以外でも，言葉は子どもの生き方に大きな影響を与える。個々の子どもへの言葉かけには十分注意しなければならない。一般的に通用する言葉でも，子どもの受けとり方はさまざまであり，子どもを励まそうとした言葉が逆に受けとられることがある一方で，教師としてはさりげない言葉が子どもの心情をとらえ，立ち直らせるきっかけになることもしばしばである。言葉は微妙であり，ときには「天使の言葉」にもなるし「悪魔の言葉」にもなる。子どもの心情をとらえ，愛し，成長を願いながら発する言葉に心がけていただきたい。

5　書くということ

　書くことは子どもの理解を助けるうえで，言葉とともにきわめて大切な仕事である。教師が上手に話しても，言葉だけでは子どもは理解できない場合が多い。そこで，現在はいろいろな手段があるが，板書の役割は大きい。教科に関する授業では，教師は板書により体系立てた理解を与えることが基本であるが，正しい書き方，適切な大きさ，文章表現など，子どもに理解しやすい板書が不可欠である。これに，自作の教材や市販の教材・映像などを加えて授業を展開するのが一般的であるが，板書に関しては留意しないケースが見受けられる。必要ないものや，思いつきで，かなり乱暴な文字を使い板書する例が見受けられるのである。特に近年パソコンなどで日常的に書くことが希薄になっているため，教師の板書は苦手な人が多いのではなかろうか。しかし，子どもたちは，話や説明を聞くだけでなく，ノートにとって着実に理解したり，復習したりするのであり，板書をおろそかにしてはならない。文字が上手であることに越したことはないが，丁寧に書く，正しく書く，系統的に書く，強調点を重視する工夫をする（アンダーラインやチョークの色変え，マルやカッコなど）ことを心がけてほしいものである。薄い字や小さい字は，板書の位置などによって読めな

い子どもがいることにも注意して書くことも当然である。いずれにせよ，言葉とそれを確実に理解させる文字や文章は車の両輪であることを忘れずに，板書にも十分な注意をしてほしい。

　少し話が逸れるかもしれないが，近年，携帯電話やスマートフォン・パソコン・iPadといった情報機器が普及している。これらは日常生活を豊かにし，学習・研究面でも「脇役」「手段」として役に立ってはいるが，それを「主役」として取り上げることには注意が必要であることに留意したい。近年，教科書や教材を小型パソコンや電子端末におさめて授業を展開するという「教科書や教材のデジタル化」が推奨される風潮がある。しかし，あくまで学校教育は教師と児童・生徒との相互関係の中で営まれるものであり，デジタル化が進む場合でも，これまでの黒板とノートによる教育を捨て去ることなく併用がなされ，双方の包括的な理解と活用が求められる。ICT（Information and Communication Technology）による情報の提示は，板書の代わりになるものでは決してない。将来，「端末」が主役となり，「子どもと端末との相互関係」で学ぶということになりかねないことに十分に留意したい。

6　感じるということ

　教師は子どもの言動を鋭く感知することが求められる。しかし，これはきわめて難しいことだといえよう。近年，非行や暴力，殺人など，思いもよらぬ出来事が学校内あるいは少年によって引き起こされているが，その場に出会った校長や教師の談話をみていると，「特に変わったことはなかった」「おとなしい子どもだった」「いじめなどはなかった」などの回答に終始している。子どもの心の中はわかりにくいし，それも時々刻々に変化しているので，教師のみに責任を負わせるのは酷ではあるが，それにもかかわらず，専門職としてただ見逃してよいということにはならない。日常の子どもとの出会いの中で，あるいは人々との交流の中で，感じとる心を養ってほしいのである。美しいものを美しいと感じ，おかしな言動を敏感に察知し，何が正しいのか，何が本物なのかを感じとる習慣を養うことが求められているといえよう。

感じるということは人それぞれで，なかなか鍛えられるものではないともいえる。しかし，教師は人と人とのかかわりを職業とする以上，これを放置することはできない。日常生活の中で，やさしさに心を動かし，不正に憤り，美しさに心を奪われるという体験を重ねる中で，感性を鍛えることは可能である。小林秀雄は「かむかふ」ことの必要性を述べているが（『新潮4月臨時増刊 小林秀雄追悼記念』，1983），これは古語であり，「か」は接頭語，「む」は自らという意味，「かふ」は交わるという意味だという。つまり，自ら交わる中で，感じたり，考えたりすることの重要性を指摘したものである。「かむかふ」ことにより，感性を育てる習慣を身につけてほしい。

7　「雰囲気」の重要性

　最後に，雰囲気の重要性にふれておく。学校が明るく，楽しいものでなければ，毎日通うことがつらくなるのは自然なことである。授業がおもしろいというのが一番であるが，先生が好き，友だちと会うのが好き，といったことが通学の動機になっているのは各種の調査でも明らかである。したがって，クラスの雰囲気作りも子どもの学習効果に大きく影響することになる。そこで，教室の雰囲気を明るくする（外的な環境作り），子ども同士の友好な環境作り，教師と生徒の間の友好な関係作りが教育にとって欠かせない条件なのである。まず教室が清潔で学習しやすい状況になっているかどうかは，教師に課せられた重要な課題である。欧米の学校を見学すると，教室の一隅に花が飾ってあったり，子どもの作品がきれいに飾ってあったりするのを見かけるが，教師の目から見て学びやすい環境をつねに心がけるべきであろう。特に難しいのは子どもの友好な関係作りである。子どもはお互いに異なる条件で生まれ，育っており，能力・興味・関心も異なり，その集団がクラスであるので，特に学級集団作りは大きな課題である。学級集団作りで配慮しなければならないのは，個々人をできるかぎり生かした集団を作るということ，つまり，特定の子どもに偏らずに，責任をもたせる体制を作ることである。例えば，係を作る場合，なるべく多くの子どもに担当させるのも1つの方法であろう。子どもは誰でも「自尊心」

をもっており，それを生かすことにより，集団への帰属心を強くするものである。そして，お互いが協力し，助け合う習慣を身につけさせることが，集団作りに役立つはずである。集団作りは難しいものではあるが，つねに前向きに考え（陽転思考），時間をかけてでもチャレンジしてほしい。

 これらのほかにも学校・教室内外で留意すべきことは多いと思うが，それぞれの経験の中で，また，教師同士の交流の中で考え，実践し，反省し，再挑戦する日々であってほしい。自ら子どものためになすべきことは何かを探り出すことも，教師の役割である。教師自身も子どもとの交流の中で，また，日常の生活の中で生涯学び，成長することが期待されているのであり，その姿勢が子どもにとっても学習なのである。

参考文献
新井郁男（編）『子どもの学力読本』教育開発研究所，2001
上寺久雄『師魂教才――教育道に生きる』日本教育新聞社，1995
川野辺　敏（監修）『日本の生涯学習――生涯学習日本と世界』（上・下）エムティ出版，1995
川野辺　敏（監修）『図書教材研究シリーズ―― 19　生涯学習社会における「総合的な学習の時間」のあり方』図書教材研究センター，2000
黒柳徹子『窓ぎわのトットちゃん』講談社，1981
小林秀雄・今日出海・江藤　淳・山本七平他『新潮4月臨時増刊 小林秀雄追悼記念号』新潮社，1983
高倉　翔（編）『新時代の教員養成・採用・研修システム』教育開発研究所，1999
東山魁夷『風景との対話』新潮社，1979
ロジャーズ（著），保坂　亨・末武康弘・諸富祥彦（訳）『クライアント中心療法』岩崎学術出版社，2005

第5章
父母・地域との連携

1 父母・地域との連携の視点

　教育の原点は基礎基本を体系的に習得させることであるといわれるが，変化の激しい時代に突入し，それを土台とし，生徒個々人が自己の特性に応じ，自ら学び，自ら心豊かに生きる力を育てる必要が生じてきた。別言すれば，21世紀は「生涯学習の時代」であり，学校教育は「生涯学習の基礎を培う場」（1989〔平成元〕年「学習指導要領」）であると，位置づけられたのである。2005（平成17）年10月の中教審答申「新しい時代の義務教育を創造する」でも，義務教育の目標の中核概念を「生きる力の育成」に置き，それを「確かな学力」「豊かな心」「健やかな体」の3つの側面から育成する方針を確認している。つまり，学校教育は従来のような学習の終着駅ではなく，生きる力を育成する始発駅であるという学校観が定着したといえる。この生きる力を育成するためには，学ぶことに楽しさや興味・関心をいだき，自ら課題を発見し，挑戦し，解決する力を育て，学習を日常化することが必要であり，教育の方法としても従来のような学校内・教室内の授業にとどまらず，広く父母・地域との連携・協力のもとに行うことが不可避である。

　父母・地域との連携を図る場合どのような場面があるのかを考えると，大きく分けて，①学校内の活動を中心とした場合と，②学校外の諸活動を行う場合の2つに分類できよう。まず前者の場合は，さらに「授業」の場面と「授業以外の校内活動」の2つが考えられる。授業の場面では，教師の補助として授業内容を生徒個々人に定着させるための指導，優れた能力のある生徒により高度な学習を補助する役割などがあり，教師1人での平均的な指導を分担する仕事である。学級の人数が多い場合，学級になじまない子どもが存在する場合，あるいは学力差が顕著にみられるようになる小学校高学年以上ではこのような父母・地域住民の協力が欠かせないのである。このほか，地域には授業内容と関連して特定の分野で優れた活動をした人材がいるはずであり，それらの人に導入場面等で話をしてもらうことにより，生徒の学習への興味・関心は向上することになろう。また，現実に行われていることであるが，クラブ活動や部活動等で父母・地域の協力を仰ぐことも大切である。要は，子ども一人ひと

りに授業内容を確実に定着させ，向上させ，あるいは学習への興味・関心を高めるために，教師が自分1人で処理しようと考えるのでなく，父母・地域住民の力を借りて行うという発想が必要なのである。

　後者の学校外活動については，社会科の学習や新設の「総合的な学習の時間」などで，特に父母・地域住民の援助・協力が必要になる。例えば，「総合的な学習の時間」では環境・国際・福祉・情報・地域の課題などが学習のテーマになるであろうが，子ども自身がテーマを選択し，挑戦し，解決するという目的を達成するためには，適切な場（自然・社会・文化施設など）が必要になり，それらの施設との連携や協力者の存在が欠かせない。子どもたちが「地域の課題」を選択した場合を考えても，地域の自然を学習する，歴史を学習する，動植物を学習する，産業を学習するなど，多様な場面が想定されるが，学習を成功させるためには，どうしても父母や地域住民の協力が欠かせないのである。土日や長期休業期間中の子どもの生活や学習を円滑に進める場合にも連携が必要である。最近は行政機関のみでなく，子どもの学習に協力する団体も多数設けられている（NPO・子ども会・自治会・各種行事の実行委員会など）ので，民間の各種機関をも視野に入れた連携にも配慮することが必要であろう。

2　連携の可能性の模索

　以上のような視点に立って，教師は学校が置かれた特性（伝統・地域特性・生徒の現状など）をふまえて，つねに父母や地域の連携先について配慮していなければならない。父母との連携については父母会や相談会などを通じて比較的状況を判断しやすいが，地域との連携や実現の可能性については，授業内容などをつねに念頭に置いて目配りをしておく必要があろう。具体的には，地域住民の中にどのような人々が存在するか，また，教育に協力してもらえる団体・グループ・教育関連施設はどこにあり，協力は可能かどうかなどの情報を把握しておくのである。

　地域在住の人々は，学校教育を支援・協力してくれる潜在的な宝である。地域内には各職種にわたって豊かな経験をもった人々が存在するし（農業・工

業・商業・サービス業など），趣味や専門職種として文学・福祉・国際・環境・情報・体育・スポーツ・音楽・料理・服飾など多様な分野で，仕事に従事している人がいるはずである。それらの人々の中から授業や学校外の活動に協力してくれる人々を選定し，いつ，どこで，どんな援助をお願いするかを決定することになる。学校側からの誘いがあれば，多くの人は喜んで協力してくれるはずである。特にすでに退職した高齢者や自由業の方々は，自己の生きがいとして，また，自己の専門を周知させる意味で，子どもたち次世代に専門的内容を伝達したいと願っている人の割合は多いといえる。教師としては自分の授業や校外教育あるいは土日等の活動にどのような人にお願いすれば，効果的な学習が進められるかなどを念頭に置き，依頼の可能性を探ることが重要なのである。

　次に留意したいのは，主として青少年を対象とした地域の各種団体やグループ等との連携である。学校が所在する市町村内には教育と関連した各種団体（環境保護・野鳥観察・歴史探訪・読み聞かせ・演劇や音楽団体・地域の伝統保護・少年スポーツクラブなど）が存在し，各種活動を展開しているであろう。近年では，子どもの遊びや体験を主としたNPO活動も盛んである。これら団体との連携は，特に土日や長期休業期間の子どもの自主的活動には大いに役立つものであり，連携先として念頭に置いておかなければならないものである。また，地域の行事や祭りなども子どもの教育によい影響を与えるものである。太鼓や笛の練習，伝統的な踊りや民謡などは子どもの地域への愛情を育む役割を果たし，また地域で行われる各種行事への参加（ごみ収集・花や木の植樹など）も子どもにとって大いに役立つものである。

　さらに，地域の社会教育施設（公民館・図書館・博物館・青少年教育施設など）やそのほかの教育関連施設（体育・スポーツ施設・芸術文化施設・保健福祉施設など）との連携も当然視野に入れておく対象である。地域内にどのような施設が存在し，どのような条件で利用できるか，どのような専門家の支援が期待できるかなどを，あらかじめ調べておき，年間計画の中でうまく利用することが，子どもの学習に役立つことになる。なお，近辺に大学や短大・専門学校などが存在する場合は，施設の利用の可否や学生の授業の補助などについて検討しておく必要があろう。特に小中高の免許状取得予定の学生やすでに免許を取得し，

次年度の採用試験に備えている人材の中には，授業の補助や「総合的な学習の時間」の活動に興味・関心をもっている者が多いので，教員養成の大学との連携は今後大いに活用すべきものであろう。

ただ先にもふれたが，地域連携を考える場合，地域特性への配慮が最も大切である。生徒の学習に適した自然の豊かな地域なのか，特殊な産業に恵まれた地域なのか，外国人の多い地域なのか，音楽に特色のある地域なのか，生涯学習の街づくりを宣言している地域なのか，過疎・高齢化地域なのかなど，地域の実態はさまざまであろう。これらの実態の中で父母や地域との連携を考えないと，学校は孤立してしまう。教師や学校の独りよがりでは連携は成功しない。子どもにも父母にも地域にも役立つという原則で，連携をとらえていただきたいのである。

3 連携を活性化するために

父母・地域との連携を活性化するためには，大きく分けて3点について留意する必要がある。

1つは，「学校・家庭・地域連携」の重要性が中教審答申（1996〔平成8〕年）などで強く示されているが，それぞれが並列的にあるのではないということである。学校が主体になり，子どもの教育の質の改善のために連携・協力を仰ぐという図式で考えなければ，この図式は機能しない。家庭・地域は協力する意思があっても，学校側の要求や現状がわからなければ協力しようがないのである。

そこで，まず学校内に校内分掌として「地域連携担当」の職を置き，地域との連携について教師の意見や要請を集約する仕事を行うことが望ましい。特に地域連携を考えると，個々の教師がそれぞれの考え方で自由に活動することは，相手の機関・組織・団体などに迷惑をかけるばかりでなく効率も悪くなる。近年では連携の重要性に着目し，連携についての専任教員を置くところもみられるが（例えば徳島県海部町では教員免許をもつ町職員が学校に派遣され，もっぱら連携や校外活動の仕事を担当している），少なくとも校務分掌としての職を置く

ことが必要である。さらに，地域住民や父母の代表を含めた「教育協力のための委員会」の設置が欠かせない。地域の情勢に明るい住民や青少年団体・施設の代表等を委員として学校側との連携のもとに学校内外の活動についての協力の可否やスケジュールを作り，また，実際に活動する場合の核となる組織である（千葉県市川市などは早くからこのような組織を設けて活動している）。つまり，学校・家庭・地域連携を充実させるためには，学校側が主体となって活動しやすいシステムを作っておく必要があるということである。これらは，学校独自ということも考えられるが，教育委員会などと十分連携して実現することが期待される。

　最後に教師自身の子どもへの働きかけが重要である。父母や子どもが学校外活動についての意義を理解し，積極的に活動しようという意欲をもたなければ，どんなに体制を整えても効果は得られない。そこで，子どもや父母にあらかじめ体験活動等の校外学習についての予備知識や参加を促す指導・助言が必要になる。具体的には，①学級PTAなどの機会や学級通信等での子どもの自主活動の大切さの理解を深める，②PTAとの連携で子どもの活動の方法等を学習する機会を設ける，③児童会・生徒会等で，子どもが自主的に活動する場合の基本を指導する，④小学校高学年や中学生など異年齢集団の核となりうる生徒には，リーダーとしての指導を行う，などの日常の準備が必要になろう。

　さらに，連携を深めるためには，学校を地域住民に開放することが大きな意味をもつ。学校は今日では地域の生涯学習の拠点という位置づけをもっており，校庭・体育館・図書館・「空き教室」などを開放することをもう1つの責務としてもっている。学校は地域住民の求めに応じ，学校を開放しなければならないが，さらに住民の生涯学習の手伝い（講師や助言者等）をしていただきたいのである。このような学校と住民との接近が日常行われていれば，子どもの教育についても連携・協力は得やすくなるであろう。なお，学校と家庭・地域との連携を強化する目的で，国は「学校評議員制度」の導入を「学校教育法施行規則改正」（2000）により可能にし，また「学校運営協議会制度」（コミュニティスクール）の設置も2004（平成16）年以降進めているが，その普及や実質的成果はまだ不十分のままである。

教師は日常の授業や学校内の生活指導などで，なかなか父母・地域連携ということに手が回らないのが現実であるが，「子ども自ら学ぶ力」「子ども自ら心豊かに生きる力」，さらには「健やかな体」を調和的に育てるためには，学校と家庭・地域の連携は欠かせないものであり，ぜひこのような視点で子どもの成長・発達に力を注いでほしい。

参考文献
有薗　格『開かれた教育経営――学社連携・融合教育論』教育開発研究所，2007
亀井浩明他（編）『中教審答申から読む 21 世紀の教育』ぎょうせい，1996
川野辺　敏（編）『キーワードで読む生涯学習の課題』ぎょうせい，1993
川野辺　敏・立田慶裕（編）『生涯学習論』福村出版，1999
川野辺　敏（監修）『図書教材研究シリーズ―― 19　生涯学習社会における「総合的な学習の時間」のあり方』図書教材研究センター，2000
国立教育研究所内生涯学習研究会（編）『生涯学習の研究――その理論・現状と展望・調査資料』（全 3 巻）エムティ出版，1994
若井彌一『教育法規の理論と実践』樹村房，1995

第6章
共生社会へ向けての教師

教育は今,大きな転換期に入っている。20世紀はエレン・ケイの『児童の世紀』によって幕が開けられ,教育面では学校制度の普及が顕著にみられた。ほとんどすべての児童・生徒に教育の機会が与えられ,先進国では中等教育や高等教育さえも多くの青年に門戸が大きく開かれている状況でさえある。しかし,他面で形式的な学歴主義,不登校,中退,暴力,いじめ,非行といったマイナス面も噴出し,学校教育のあり方が改めて問われ,さらに教育全体を見直す機運が高まっているのである。

　このような状況,つまり教育＝学校教育という枠組みの中での対応への反省のもとで,20世紀後半には,周知のように生涯学習の思想が提起された。ユネスコの生涯教育論,OECDのリカレント教育論あるいはハッチンスやフロムなどの思想やイリッチなどによる「脱学校論」などが注目されるようになったのは自然の成り行きだったともいえる。背景には,社会の急速な変化,人間一人ひとりの価値観の多様化などがあり,これまで信じてきた学校教育依存の体質を問い返し,教育とは何かが改めて問われるようになったものだともいえよう。

1　学習社会への期待の高まり

　このような背景の中で,注目したいのは学習社会の構築の必要性が強調され,また,学習目的の転換が求められるようになったことである。1968年にはハッチンスが『学習社会論』を発表し,「学習社会というものは,すべての成人男女に,いつでも定時制の成人教育を提供するだけでなく,学習・達成・人間になることを目的として,あらゆる制度がその目的の実現を志向するように価値の転換に成功した社会であろう」と述べ,成人のすべてに教育機会を提供するだけでなく,学習や達成や人間になることを目的とし,それに価値があることを認めた社会の出現を求めた。また,1973年のユネスコ・フォール委員会報告書「Learning to be」では,学習を通じて人間になることを強調し,「過去におけるがごとく……（中略）……あるあらかじめ定められた機構に合致するように,明日の指導者を訓練するとか,あるいは,一定の生存形態

にあてはまるように、青少年を養成することに教育を限定するのは問題外である。教育はもはやエリートの特権でもなく、ある特定の年齢に付随したものでもなくなっていて、社会の全体を、また、個人の全生涯を包含する方向へとますます広がっていきつつある」「未来の学校は、教育の客体を自己自らの教育を行う主体にしなければならない。教育を受ける人間は自らを教育する人間にならなければならない。他人を教育することが自己自身を教育することにならなければならない」「今日では重点は、教え授けるという伝統的な教授原理より、むしろ教授と学習における"学習尊重"の原理のほうにおかれる」などと述べ、ハッチンス同様学習を核にした社会が今後の望ましいものとされた。

このような流れを受けて、1996年ユネスコ21世紀教育国際委員会が『学習——秘められた宝』を公にし、これからの教育を生涯にわたる学習の視点から見直し「生涯学習は21世紀の扉を開く鍵」であるとし、その教育の目的を「Learning to know」「Learning to do」「Learning to live together」「Learning to be」と4本の柱にまとめて提言したことは、すでに述べたとおりである。日本語でいえば、「知ることを学ぶ」「なすことを学ぶ」「ともに生きることを学ぶ」「人間であることを学ぶ」とでもいえよう。

2　これからの教育への視点

このような国際機関や諸外国の知見をそのまま鵜呑みにする必要はないが、日本の教育も大きな転換期に来ていることは間違いない。教育を立身出世の手段として活用した貧しい時代の影響は戦後においても形式的な学歴へのこだわりにつながり、学歴（学校歴）競争の中で多くの課題が噴出し、社会問題化している状況が続いている。この原因は、別の言葉でいえば、教育を「もつこと」（名誉欲や物欲）を満たすための手段としてきたことに起因するといえる。人間が生きていくためには「もつこと」が必要であることを否定しないが、教育のねらいを転換することが今重要なのである。教育観のHaveからBeへの転換、つまり「もつこと」から「あること」に転換することである。これがユネスコが求め続けた思想であり、また、フロムが指摘した考え方でもある。

しかし，「あること」とは何かはまだ明確ではない。人間であることとはなんなのか，われわれはその根源を明らかにする必要があるといえる。フォール委員会の報告では「完全な人間」（身体的・知的・情緒的・倫理的統合）をめざすことがいわれ，わが国では「知・徳・体」の調和をあげ，ロシアや中国では「知・徳・体・労働・美」の育成をめざしている。しかし，教育・学習によってそのような人間を育てられるとは信じにくいし，たとえごく少数の人間には可能であったとしても人間の多様性には応えてくれるものではない。例えば，わが国では特別支援教育を必要とする子どもたちが6.3％存在するという現実を考えると，このような教育のねらいは空虚なものにしか思えない。そこで，筆者の私見ではあるが人間の「あること」を「人間の生きる根源＝生きる喜び」に迫ることに置き換え，それと教育・学習のかかわりについて考えてみたいと思う。

（1）絶対的個としての「創造の喜び」

　言うまでもなく，人間は絶対的な個の存在である。この世に生を受けてから死に至るまで「個」であり，苦しみや悲しみあるいは喜びを体験しながら生き続ける存在である。そんな中で生を選択させる原動力になるのは，領域でいえばさまざまであるにせよ，「創造の喜び」ではないかと考える。マズローのいう欲求の5段階説の最終段階，つまり自己実現とも合致する。フランクル流にいえば，これは肉体の強健さを越えうるものであり，ウクライナの教育実践家スホムリンスキーも実践の中から感じとっていた（「芸術に迫るような創造的労働」を生きる喜びの根源ととらえた）。教育面でいえば，個の状況に合わせて課題を提供して，あるいは自分自身に選択させ，挑戦させ，解決させるプロセスを大切にし，要は「進歩・成就」の喜びを体験させ，感じとらせることが基本になるというのである。

　基本は，教育のあらゆる場を工夫し，子どもたちの個性に合わせて，創造の喜びを体験させることである。可能であれば，2つの分野——室内でのものと戸外でのもの——に興味・関心をもたせ，その両者で喜びを体験させたいものである。体育・スポーツ面だけであれば，年齢を重ねたとき，あるいは病気の

ときなどに、1人で生きていく力を失ってしまうかもしれない。同様に、知的な創造だけでは、行きづまったときに喜びを発見する術を失ってしまうかもしれない。「創造の喜び」を生きる喜びの根源ととらえた場合、それらのことを念頭に置いて各教科の指導のあり方を工夫してほしい。

(2) 社会的存在としての「他に役立つ喜び」

人間は絶対的な個であると同時に社会的存在である。家族の中で、学校や地域社会で、また国際社会で人々との接触の中で生きている。この場合の生きる喜びの根源を考えると、「他に役立つ喜び」ということになる。マズローは「承認の欲求」を人間の欲求の第4段階に位置づけているが、社会的な存在であるゆえの欲求であり、創造の喜びと同列に置くべきものであろう。クループスカヤ（ロシアの教育思想家）は他に役立つことを「社会的本能」ととらえて各種の活動を組織しており、この考え方に同意すべきではあるまいか。

神谷美恵子著『人間をみつめて』の中に、「連ちゃん」についての話がある。彼は知的障害があり、耳が聞こえず話をすることもできず、周囲の人には生きているだけとみられる状態であった。その連ちゃんがあるとき、看護師に頼まれて隣の病棟の寝たきりでいる老人のもとに「溲瓶（しびん）」を持っていく場面が書かれている。連ちゃんはおそらく、健康な人が持っていく時間の何倍もかけ、それを届けたに違いない。そして、その仕事を終えたとき、彼は何ともいえない満足の表情をみせたというのである。

これは、人間はどんな状況に置かれても、他に役立つことにより生きる喜びを感じることを教えてくれると同時に、自己の存在を認めていることがわかる。このことを重く考えなければなるまい。子どもに対して、「お前は何の役にも立たない」「お前がやることは皆に迷惑だ」などという言葉を用いることや態度を示すことは、絶対に避けなければならない。教育的にいえば、学習面でも体験的な活動面でも、人間相互のかかわりや自然へのかかわりなどの場面を設定し、一人ひとりに役立っているという感情の体験を与えることが必要なのである（神谷恵美子・星野富弘などの著作を読むことを勧める）。

（3）自然的存在としての「感動の喜び」

　前述の2つが能動的で何かを生み出す喜びとすると，「感動の喜び」は受動的に与えられるものともいえよう。自然の中への散策でふと見つけた可憐な花に，そして清涼な大気や勢いよく流れる冷たい水に，そして美しく囀る鳥の声に人は感動する。また文学や詩を読んだり，美術館を訪ねたりしながら，人の心は打たれる。ちょっとした子どもの善意，苦しい生活を生き抜いてきた人たちの話，仕事一筋に打ち込んでいる人の生き方などにも心を打たれる。それは，直接的なものも間接的なものもあろうが，感動することにより生きる力を与えられることは事実であろう。要は美しいもの，人間的なものへの感性を豊かにし，それを感じとり，自分の精神世界を豊かにすることが大切なのである。

　人間は大きな自然の中の小さな存在に過ぎないが，いつのまにかそれを忘れ，尊大な生物に成り下がっていると考えられる。子どもたちに自然の美しさ，偉大さ，恐ろしさなどを体験させることが必要ではなかろうか。漫画やテレビ，DVDなど二次的情報の中で生きている子どもたちは，「山の水は冷たい」という認識はあるものの，体験がないのである。冷たい水に足を浸し，美しい花に注目させ，新鮮な大気をいっぱい吸わせてやりたいものである。都市部の小中学生の場合，難しいことではあるが，特に身近な自然に着目させ，動植物の美しさや不思議さ，自然の摂理などを知識のみならず，体験によって感じとらせることが大切ではないかと思っている。感動や驚きの体験から，自然や環境に対する関心や学習の深まりも期待されるのである。

　これらのことと同時に「生かされている人間」の根源についても学習することが大切であろう。学校教育では「生きる力」の育成を目的としており，このことは大切であるが，人間には，あるいは人間個々人にはどうすることもできない事柄が日常的に起こっている。ある日突然に不幸が襲い，また誰もが死を免れるわけにはいかない。この事実を素通りして教育を進めることには無理があるのである。人間の弱さや苦しみ，悲しみを自覚させ，それに耐え，克服し，生きていく心情を養うことが必要なのである。欧米諸国ではそれを宗教によって克服しようとしてきたし，現在でも宗教を教育の対象としている国は多数存在している（例えば，イギリスでは宗教は必修）。日本では学校教育の中にこの

時間を取り入れることは禁止され，家庭でも宗教はまったく形式的なものになり，心の教育への働きかけが希薄になっている。仏教の1つの宗派である「唯識」（法相宗。4世紀の無着・世親による）では，人間の心の動きを「意識」の世界と「無意識」の世界に分け，前者をいわゆる五感（眼・耳・鼻・舌・身）と意識（知覚・感情・意思・思考）の世界とし，さらに後者をマナ識とアラヤ識に分類し，無意識の世界への働きかけを視野に入れた修養を重視している。ユングは無意識の世界に着目し，「個人的無意識」と「集合的無意識」の存在を取り上げていることはよく知られているとおりである。つまり，教育を考える場合，人間の表層の五感と意識の水準にとどめることなく，深層までを念頭に置いた，不思議で微妙な心の教育が求められているのである。これはきわめて難しいことにちがいない。仏教でいえば菩薩（ぼさつ）に至る修行が必要なのである。しかし，少なくとも人間の弱さや不確実性の中に置かれている人間を自覚する教育を何らかの形で復権することが必要だといえないだろうか。著者は少なくとも学校教育の時間の中に，自己を見つめる時間（瞑想（めいそう）の時間）を置くこと，授業時間の合間に生きている意味を考えさせる時間をもつこと（訓育的教授），各種体験の中で生き方を考えさせること（自然体験・社会体験・出会い体験・勤労体験・福祉体験・美的体験・集団体験など）を考えているが，これら具体的な方法を含めて教師の皆さんに考えていただきたいと願っている。

　このようなことを述べると，知識水準が低下するとの懸念が生じがちである。誤解してはいけないのは，基礎基本の教育をおろそかにしてはならないということである。学校教育の段階では基礎的知識が着実に習得されていなければ，深化・発展は絵に描いた餅になりかねない。個々人に合わせた基礎基本の習得を土台にしながら，教育の目標を「to be」に置くということを重ねて強調しておきたい。教授を否定することは，学習社会の存立を否定することにもなるのである。

3　学習社会が共生社会の原点

　学習社会をめざす教育の視点について考えてきたが，それは学習社会が人類

が争いのない平和な国家・社会をめざす原点であり，世界平和へとつながるものであるからである。20世紀の激しい戦争や紛争は21世紀の今日でも絶えない。これを子どもたちに引き継ぐことは大人の怠慢であり，教師としての責務を放棄したことにもなる。教師として子どもの教育に責任をもつものとして，単に知識や技術の伝達に終始するのでなく，人間の根源に迫る教育をつねに念頭に置いていただきたいのである。

　このような考え方にたって，最近では「人間力」の向上という言葉が盛んに使われるようになった。中教審の義務教育特別部会で「新しい時代の義務教育を創造する」（2005〔平成17〕年10月）という答申では「学校力を強化し，教師力を強化し，それを通じて子どもたちの人間力を豊かに育てることが改革の目標である」といっている。また，厚生労働省の「若者の人間力を高める国民会議」（2005年9月）でも「若者が生きる自信を持ち，能力を高め，いきいきと活躍できる社会をめざし，経済界・労働界・教育界・マスメディア・地域社会・政府が一体となって，若者の人間力を高める国民運動を推進する」という宣言を発表している。

　教育は人間力を育てる仕事であるととらえられてきたことが理解されよう。人間力という概念は必ずしも十分コンセンサスを得られてはいないが，「社会を構成し，運営するとともに，自立した1人の人間として力強く生きていく力」（内閣府「人間力戦略研究会」の報告書，2003年4月）というのが，一般的な理解といえよう。また近年，子どもの能力をIQのみで測定することに反省が求められ，「人間力」という言葉が使われ，EQ（知力のみならず，感性・社会性・精神性をバランスよくカバーした能力）の育成が重要視されている。心理学では「自己対応能力」「他者対応能力」「社会性」「精神性」を総合的に判断する手法なども開発されている（松原達哉など）。これらの考えも，従来の教育観や教育手法への反省から生まれたものであり，参考に値しよう。いずれにせよ，これからの教師は子ども個人の創造的自律性とともに社会への貢献性を育てることが期待されており，従来型の知識・技術を教授する教師にとどまることはできないのである。そのためにも教師自身の人格及び専門性，学習に対する態度が問われることになり，子どもの教育の前に自己の生活態度，研修・向上に

励む姿勢が欠かせないものになっている。教職は安定した仕事，女性にも適した仕事などと安易な気持ちで資格をとるといった態度では失格であることを十分理解しておいてほしい。

参考文献
天城　勲（監訳）『学習：秘められた宝——ユネスコ「21世紀教育国際委員会」報告書』ぎょうせい，1997
新井郁男『学習社会論』（教育学大全集8）第一法規出版，1982
イリッチ（著），東　洋・小澤周三（訳）『脱学校の社会』東京創元社，1977
エレン・ケイ（著），小野寺　信・小野寺百合子（訳）『児童の世紀』冨山房，1979
神谷美恵子『人間をみつめて』みすず書房，2004
川野辺　敏（編）『キーワードで読む生涯学習の課題』ぎょうせい，1993
川野辺　敏・立田慶裕（編）『生涯学習論』福村出版，1999
国立教育研究所内フォール報告書検討委員会（編）『未来の学習』第一法規出版，1975
星槎大学共生科学研究会（編）『共生科学研究序説』なでしこ出版，2012
日本学習社会学会（編）『日本学習社会学会年報（第1号）』日本学習社会学会，2005
フロム（著），佐野哲郎（訳）『生きるということ』紀伊國屋書店，1977

資料編

(本法規抄は 2013〔平成 25〕年 4 月末現在)

1　日本国憲法（抄）
（1946〔昭和21〕年11月3日公布）

　日本国民は，正当に選挙された国会における代表者を通じて行動し，われらとわれらの子孫のために，諸国民との協和による成果と，わが国全土にわたつて自由のもたらす恵沢を確保し，政府の行為によつて再び戦争の惨禍が起こることのないやうにすることを決意し，ここに主権が国民に存することを宣言し，この憲法を確定する。そもそも国政は，国民の厳粛な信託によるものであつて，その権威は国民に由来し，その権力は国民の代表者がこれを行使し，その福利は国民がこれを享受する。これは人類普遍の原理であり，この憲法は，かかる原理に基くものである。われらは，これに反する一切の憲法，法令及び詔勅を排除する。

　日本国民は，恒久の平和を念願し，人間相互の関係を支配する崇高な理想を深く自覚するのであつて，平和を愛する諸国民の公正と信義に信頼して，われらの安全と生存を保持しようと決意した。われらは，平和を維持し，専制と隷従，圧迫と偏狭を地上から永遠に除去しようと努めてゐる国際社会において，名誉ある地位を占めたいと思ふ。われらは，全世界の国民が，ひとしく恐怖と欠乏から免かれ，平和のうちに生存する権利を有することを確認する。

　われらは，いづれの国家も，自国のことのみに専念して他国を無視してはならないのであつて，政治道徳の法則は，普遍的なものであり，この法則に従ふことは，自国の主権を維持し，他国と対等関係に立たうとする各国の責務であると信ずる。

　日本国民は，国家の名誉にかけ，全力をあげてこの崇高な理想と目的を達成することを誓ふ。

第11条　国民は，すべての基本的人権の享有を妨げられない。この憲法が国民に保障する基本的人権は，侵すことのできない永久の権利として，現在及び将来の国民に与へられる。

第13条　すべて国民は，個人として尊重される。生命，自由及び幸福追求に対する国民の権利については，公共の福祉に反しない限り，立法その他の国政の上で，最大の尊重を必要とする。

第14条　すべて国民は，法の下に平等であつて，人種，信条，性別，社会的身分又は門地により，政治的，経済的又は社会的関係において，差別されない。

第15条　公務員を選定し，及びこれを罷免することは，国民固有の権利である。
　②すべて公務員は，全体の奉仕者であつて，一部の奉仕者ではない。
　③公務員の選挙については，成年者による普通選挙を保障する。

第19条　思想及び良心の自由は，これを侵してはならない。

第20条　信教の自由は，何人に対してもこれを保障する。いかなる宗教団体も，国から特権を受け，又は政治上の権力を行使してはならない。

②何人も，宗教上の行為，祝典，儀式又は行事に参加することを強制されない。
③国及びその機関は，宗教教育その他いかなる宗教的活動もしてはならない。
第21条　集会，結社及び言論，出版その他一切の表現の自由は，これを保障する。
②検閲は，これをしてはならない。通信の秘密は，これを侵してはならない。
第23条　学問の自由は，これを保障する。
第25条　すべて国民は，健康で文化的な最低限度の生活を営む権利を有する。
②国は，すべての生活部面について，社会福祉，社会保障及び公衆衛生の向上及び増進に努めなければならない。
第26条　すべて国民は，法律の定めるところにより，その能力に応じて，ひとしく教育を受ける権利を有する。
②すべて国民は，法律の定めるところにより，その保護する子女に普通教育を受けさせる義務を負ふ。義務教育は，これを無償とする。

2　教育基本法

（2006〔平成18〕年　法律第120号）

教育基本法（昭和22年法律第25号）の全部を改正する。
目次
　前文
　第1章　教育の目的及び理念（第1条—第4条）
　第2章　教育の実施に関する基本（第5条—第15条）
　第3章　教育行政（第16条・第17条）
　第4章　法令の制定（第18条）
　附則

我々日本国民は，たゆまぬ努力によって築いてきた民主的で文化的な国家を更に発展させるとともに，世界の平和と人類の福祉の向上に貢献することを願うものである。
　我々は，この理想を実現するため，個人の尊厳を重んじ，真理と正義を希求し，公共の精神を尊び，豊かな人間性と創造性を備えた人間の育成を期するとともに，伝統を継承し，新しい文化の創造を目指す教育を推進する。
　ここに，我々は，日本国憲法の精神にのっとり，我が国の未来を切り拓く教育の基本を確立し，その振興を図るため，この法律を制定する。

　　第1章　教育の目的及び理念
（教育の目的）
第1条　教育は，人格の完成を目指し，平和で民主的な国家及び社会の形成者として必要な資質を備えた心身ともに健康な国民の育成を期して行われなければならない。
（教育の目標）
第2条　教育は，その目的を実現するため，学問の自由を尊重しつつ，次に掲げる目標を達成するよう行われるものとする。

一　幅広い知識と教養を身に付け，真理を求める態度を養い，豊かな情操と道徳心を培うとともに，健やかな身体を養うこと。
二　個人の価値を尊重して，その能力を伸ばし，創造性を培い，自主及び自律の精神を養うとともに，職業及び生活との関連を重視し，勤労を重んずる態度を養うこと。
三　正義と責任，男女の平等，自他の敬愛と協力を重んずるとともに，公共の精神に基づき，主体的に社会の形成に参画し，その発展に寄与する態度を養うこと。
四　生命を尊び，自然を大切にし，環境の保全に寄与する態度を養うこと。
五　伝統と文化を尊重し，それらをはぐくんできた我が国と郷土を愛するとともに，他国を尊重し，国際社会の平和と発展に寄与する態度を養うこと。

（生涯学習の理念）
第3条　国民一人一人が，自己の人格を磨き，豊かな人生を送ることができるよう，その生涯にわたって，あらゆる機会に，あらゆる場所において学習することができ，その成果を適切に生かすことのできる社会の実現が図られなければならない。

（教育の機会均等）
第4条　すべて国民は，ひとしく，その能力に応じた教育を受ける機会を与えられなければならず，人種，信条，性別，社会的身分，経済的地位又は門地によって，教育上差別されない。
②国及び地方公共団体は，障害のある者が，その障害の状態に応じ，十分な教育を受けられるよう，教育上必要な支援を講じなければならない。
③国及び地方公共団体は，能力があるにもかかわらず，経済的理由によって修学が困難な者に対して，奨学の措置を講じなければならない。

第2章　教育の実施に関する基本
（義務教育）
第5条　国民は，その保護する子に，別に法律で定めるところにより，普通教育を受けさせる義務を負う。
②義務教育として行われる普通教育は，各個人の有する能力を伸ばしつつ社会において自立的に生きる基礎を培い，また，国家及び社会の形成者として必要とされる基本的な資質を養うことを目的として行われるものとする。
③国及び地方公共団体は，義務教育の機会を保障し，その水準を確保するため，適切な役割分担及び相互の協力の下，その実施に責任を負う。
④国又は地方公共団体の設置する学校における義務教育については，授業料を徴収しない。

（学校教育）
第6条　法律に定める学校は，公の性質を有するものであって，国，地方公共団体及び法律に定める法人のみが，これを設置することができる。
②前項の学校においては，教育の目標が達成されるよう，教育を受ける者の心身の発達に応じて，体系的な教育が組織的に行われなければならない。この場合において，教育を受ける者が，学校生活を営む上で必要な規律を重んず

るとともに，自ら進んで学習に取り組む意欲を高めることを重視して行われなければならない。

（大学）

第7条　大学は，学術の中心として，高い教養と専門的能力を培うとともに，深く真理を探究して新たな知見を創造し，これらの成果を広く社会に提供することにより，社会の発展に寄与するものとする。

②大学については，自主性，自律性その他の大学における教育及び研究の特性が尊重されなければならない。

（私立学校）

第8条　私立学校の有する公の性質及び学校教育において果たす重要な役割にかんがみ，国及び地方公共団体は，その自主性を尊重しつつ，助成その他の適当な方法によって私立学校教育の振興に努めなければならない。

（教員）

第9条　法律に定める学校の教員は，自己の崇高な使命を深く自覚し，絶えず研究と修養に励み，その職責の遂行に努めなければならない。

②前項の教員については，その使命と職責の重要性にかんがみ，その身分は尊重され，待遇の適正が期せられるとともに，養成と研修の充実が図られなければならない。

（家庭教育）

第10条　父母その他の保護者は，子の教育について第一義的責任を有するものであって，生活のために必要な習慣を身に付けさせるとともに，自立心を育成し，心身の調和のとれた発達を図るよう努めるものとする。

②国及び地方公共団体は，家庭教育の自主性を尊重しつつ，保護者に対する学習の機会及び情報の提供その他の家庭教育を支援するために必要な施策を講ずるよう努めなければならない。

（幼児期の教育）

第11条　幼児期の教育は，生涯にわたる人格形成の基礎を培う重要なものであることにかんがみ，国及び地方公共団体は，幼児の健やかな成長に資する良好な環境の整備その他適当な方法によって，その振興に努めなければならない。

（社会教育）

第12条　個人の要望や社会の要請にこたえ，社会において行われる教育は，国及び地方公共団体によって奨励されなければならない。

②国及び地方公共団体は，図書館，博物館，公民館その他の社会教育施設の設置，学校の施設の利用，学習の機会及び情報の提供その他の適当な方法によって社会教育の振興に努めなければならない。

（学校，家庭及び地域住民等の相互の連携協力）

第13条　学校，家庭及び地域住民その他の関係者は，教育におけるそれぞれの役割と責任を自覚するとともに，相互の連携及び協力に努めるものとする。

（政治教育）

第14条　良識ある公民として必要な政治的教養は，教育上尊重されなければならない。

②法律に定める学校は，特定の政党を支

持し，又はこれに反対するための政治教育その他政治的活動をしてはならない。

（宗教教育）

第15条　宗教に関する寛容の態度，宗教に関する一般的な教養及び宗教の社会生活における地位は，教育上尊重されなければならない。

②国及び地方公共団体が設置する学校は，特定の宗教のための宗教教育その他宗教的活動をしてはならない。

第3章　教育行政

（教育行政）

第16条　教育は，不当な支配に服することなく，この法律及び他の法律の定めるところにより行われるべきものであり，教育行政は，国と地方公共団体との適切な役割分担及び相互の協力の下，公正かつ適正に行われなければならない。

②国は，全国的な教育の機会均等と教育水準の維持向上を図るため，教育に関する施策を総合的に策定し，実施しなければならない。

③地方公共団体は，その地域における教育の振興を図るため，その実情に応じた教育に関する施策を策定し，実施しなければならない。

④国及び地方公共団体は，教育が円滑かつ継続的に実施されるよう，必要な財政上の措置を講じなければならない。

（教育振興基本計画）

第17条　政府は，教育の振興に関する施策の総合的かつ計画的な推進を図るため，教育の振興に関する施策についての基本的な方針及び講ずべき施策その他必要な事項について，基本的な計画を定め，これを国会に報告するとともに，公表しなければならない。

②地方公共団体は，前項の計画を参酌し，その地域の実情に応じ，当該地方公共団体における教育の振興のための施策に関する基本的な計画を定めるよう努めなければならない。

第4章　法令の制定

第18条　この法律に規定する諸条項を実施するため，必要な法令が制定されなければならない。

附則

（施行期日）

1　この法律は，公布の日から施行する。

（社会教育法等の一部改正）

2　次に掲げる法律の規定中「教育基本法（昭和22年法律第25号）」を「教育基本法（平成18年法律第120号）」に改める。

　一　社会教育法（昭和24年法律第207号）第1条

　二　産業教育振興法（昭和26年法律第228号）第1条

　三　理科教育振興法（昭和28年法律第186号）第1条

　四　高等学校の定時制教育及び通信教育振興法（昭和28年法律第238号）第1条

　五　義務教育諸学校における教育の政治的中立の確保に関する臨時措置法（昭和29年法律第157号）第1条

　六　国立大学法人法（平成15年法律第112号）第37条第1項

　七　独立行政法人国立高等専門学校機構法（平成15年法律第113号）第16条

（放送大学学園法及び構造改革特別区域法の一部改正）
3 次に掲げる法律の規定中「教育基本法（昭和22年法律第25号）第9条第2項」を「教育基本法（平成18年法律第120号）第15条第2項」に改める。
　一　放送大学学園法（平成14年法律第156号）第18条
　二　構造改革特別区域法（平成14年法律第189号）第20条第17項

〈参考〉

(旧) 教育基本法
（1947〔昭和22〕年3月31日　法律第25号）

　われらは，さきに，日本国憲法を確定し，民主的で文化的な国家を建設して，世界の平和と人類の福祉に貢献しようとする決意を示した。この理想の実現は，根本において教育の力にまつべきものである。

　われらは，個人の尊厳を重んじ，真理と平和を希求する人間の育成を期するとともに，普遍的にしてしかも個性豊かな文化の創造をめざす教育を普及徹底しなければならない。

　ここに，日本国憲法の精神に則り，教育の目的を明示して，新しい日本の教育の基本を確立するため，この法律を制定する。

第1条（教育の目的）　教育は，人格の完成をめざし，平和的な国家及び社会の形成者として，真理と正義を愛し，個人の価値をたつとび，勤労と責任を重んじ，自主的精神に満ちた心身ともに健康な国民の育成を期して行わなければならない。

第2条（教育の方針）　教育の目的は，あらゆる機会に，あらゆる場所において実現されなければならない。この目的を達成するためには，学問の自由を尊重し，実際生活に即し，自発的精神を養い，自他の敬愛と協力によつて，文化の創造と発展に貢献するように努めなければならない。

第3条（教育の機会均等）　すべて国民は，ひとしく，その能力に応ずる教育を受ける機会を与えられなければならないものであつて，人種，信条，社会的身分，経済的地位又は門地によつて，教育上差別されない。

②国及び地方公共団体は，能力があるにもかかわらず，経済的理由によつて修学困難な者に対して，奨学の方法を講じなければならない。

第4条（義務教育）　国民は，その保護する子女に，9年の普通教育を受けさせる義務を負う。

②国又は地方公共団体の設置する学校における義務教育については，授業料は，これを徴収しない。

第5条（男女共学）　男女は，互に敬重し，協力し合わなければならないものであつて，教育上男女の共学は，認められなければならない。

第6条（学校教育）　法律に定める学校は，

公の性質をもつものであつて，国又は地方公共団体の外，法律に定める法人のみが，これを設置することができる。

②法律に定める学校の教員は，全体の奉仕者であつて，自己の使命を自覚し，その職責の遂行に努めなければならない。このためには，教員の身分は，尊重され，その待遇の適正が，期せられなければならない。

第7条（社会教育）家庭教育及び勤労の場所その他社会において行われる教育は，国及び地方公共団体によつて奨励されなければならない。

②国及び地方公共団体は，図書館，博物館，公民館等の施設の設置，学校の施設の利用その他適当な方法によつて教育の目的の実現に努めなければならない。

第8条（政治教育）良識ある公民たるに必要な政治的教養は，教育上これを尊重しなければならない。

②法律に定める学校は，特定の政党を支持し，又はこれに反対するための政治教育その他政治的活動をしてはならない。

第9条（宗教教育）宗教に関する寛容の態度及び宗教の社会生活における地位は，教育上これを尊重しなければならない。

②国及び地方公共団体が設置する学校は，特定の宗教のための宗教教育その他宗教的活動をしてはならない。

第10条（教育行政）教育は，不当な支配に服することなく，国民全体に対し直接に責任を負つて行われるべきものである。

②教育行政は，この自覚のもとに，教育の目的を遂行するに必要な諸条件の整備確立を目標として行われなければならない。

第11条（補則）この法律に掲げる諸条項を実施するために必要がある場合には，適当な法令が制定されなければならない。

3　学校教育法（抄）

（平成19年6月27日　法律第98号）

目次
- 第1章　総則（第1条—第15条）
- 第2章　義務教育（第16条—第21条）
- 第3章　幼稚園（第22条—第28条）
- 第4章　小学校（第29条—第44条）
- 第5章　中学校（第45条—第49条）
- 第6章　高等学校（第50条—第62条）
- 第7章　中等教育学校（第63条—第71条）
- 第8章　特別支援教育（第72条—第82条）
- 第9章　大学（第83条—第114条）
- 第10章　高等専門学校（第115条—第123条）
- 第11章　専修学校（第124条—第133条）
- 第12章　雑則（第134条—第142条）
- 第13章　罰則（第143条—第146条）

附則

第1章　総則

第1条　この法律で、学校とは、幼稚園、小学校、中学校、高等学校、中等教育学校、特別支援学校、大学及び高等専門学校とする。

第2条　学校は、国（国立大学法人法（平成15年法律第112号）第2条第1項に規定する国立大学法人及び独立行政法人国立高等専門学校機構を含む。以下同じ。）、地方公共団体（地方独立行政法人法（平成15年法律第118号）第68条第1項に規定する公立大学法人を含む。次項において同じ。）及び私立学校法第3条に規定する学校法人（以下学校法人と称する。）のみが、これを設置することができる。

②この法律で、国立学校とは、国の設置する学校を、公立学校とは、地方公共団体の設置する学校を、私立学校とは、学校法人の設置する学校をいう。

第5条　学校の設置者は、その設置する学校を管理し、法令に特別の定のある場合を除いては、その学校の経費を負担する。

第7条　学校には、校長及び相当数の教員を置かなければならない。

第9条　次の各号のいずれかに該当する者は、校長又は教員となることができない。

一　成年被後見人又は被保佐人

二　禁錮以上の刑に処せられた者

三　教育職員免許法第10条第1項第2号に該当することにより免許状がその効力を失い、当該失効の日から3年を経過しない者

四　教育職員免許法第11条第1項又は第2項の規定により免許状取上げの処分を受け、3年を経過しない者

五　日本国憲法施行の日以後において、日本国憲法又はその下に成立した政府を暴力で破壊することを主張する政党その他の団体を結成し、又はこれに加入した者

第11条　校長及び教員は、教育上必要があると認めるときは、文部科学大臣の定めるところにより、児童、生徒及び学生に懲戒を加えることができる。ただし、体罰を加えることはできない。

第12条　学校においては、別に法律で定めるところにより、幼児、児童、生徒及び学生並びに職員の健康の保持増進を図るため、健康診断を行い、その他その保健に必要な措置を講じなければならない。

第2章　義務教育

第16条　保護者（子に対して親権を行う者（親権を行う者のないときは、未成年後見人）をいう。以下同じ。）は、次条に定めるところにより、子に9年の普通教育を受けさせる義務を負う。

第17条　保護者は、子の満6歳に達した日の翌日以後における最初の学年の初めから、満12歳に達した日の属する学年の終わりまで、これを小学校又は特別支援学校の小学部に就学させる義務を負う。ただし、子が、満12歳に達した日の属する学年の終わりまでに小学校又は特別支援学校の小学部の課程を修了しないときは、満15歳に達した日の属する学年の終わり（それまでの間において当該課程を修了したときは、その修了した日の属する学年の終わり）までとする。

② 保護者は，子が小学校又は特別支援学校の小学部の課程を修了した日の翌日以後における最初の学年の初めから，満15歳に達した日の属する学年の終わりまで，これを中学校，中等教育学校の前期課程又は特別支援学校の中学部に就学させる義務を負う。

③ 前二項の義務の履行の督促その他これらの義務の履行に関し必要な事項は，政令で定める。

第18条　前条第1項又は第2項の規定によって，保護者が就学させなければならない子（以下それぞれ「学齢児童」又は「学齢生徒」という。）で，病弱，発育不完全その他やむを得ない事由のため，就学困難と認められる者の保護者に対しては，市町村の教育委員会は，文部科学大臣の定めるところにより，同条第1項又は第2項の義務を猶予又は免除することができる。

第19条　経済的理由によつて，就学困難と認められる学齢児童又は学齢生徒の保護者に対しては，市町村は，必要な援助を与えなければならない。

第20条　学齢児童又は学齢生徒を使用する者は，その使用によって，当該学齢児童又は学齢生徒が，義務教育を受けることを妨げてはならない。

第21条　義務教育として行われる普通教育は，教育基本法（平成18年法律第120号）第5条第2項に規定する目的を実現するため，次に掲げる目標を達成するよう行われるものとする。

一　学校内外における社会的活動を促進し，自主，自律及び協同の精神，規範意識，公正な判断力並びに公共の精神に基づき主体的に社会の形成に参画し，その発展に寄与する態度を養うこと。

二　学校内外における自然体験活動を促進し，生命及び自然を尊重する精神並びに環境の保全に寄与する態度を養うこと。

三　我が国と郷土の現状と歴史について，正しい理解に導き，伝統と文化を尊重し，それらをはぐくんできた我が国と郷土を愛する態度を養うとともに，進んで外国の文化の理解を通じて，他国を尊重し，国際社会の平和と発展に寄与する態度を養うこと。

四　家族と家庭の役割，生活に必要な衣，食，住，情報，産業その他の事項について基礎的な理解と技能を養うこと。

五　読書に親しませ，生活に必要な国語を正しく理解し，使用する基礎的な能力を養うこと。

六　生活に必要な数量的な関係を正しく理解し，処理する基礎的な能力を養うこと。

七　生活にかかわる自然現象について，観察及び実験を通じて，科学的に理解し，処理する基礎的な能力を養うこと。

八　健康，安全で幸福な生活のために必要な習慣を養うとともに，運動を通じて体力を養い，心身の調和的発達を図ること。

九　生活を明るく豊かにする音楽，美術，文芸その他の芸術について基礎的な理解と技能を養うこと。

十　職業についての基礎的な知識と技能，勤労を重んずる態度及び個性に応じて

将来の進路を選択する能力を養うこと。

第3章　幼稚園

第22条　幼稚園は、義務教育及びその後の教育の基礎を培うものとして、幼児を保育し、幼児の健やかな成長のために適当な環境を与えて、その心身の発達を助長することを目的とする。

第23条　幼稚園における教育は、前条に規定する目的を実現するため、次に掲げる目標を達成するよう行われるものとする。

一　健康、安全で幸福な生活のために必要な基本的な習慣を養い、身体諸機能の調和的発達を図ること。

二　集団生活を通じて、喜んでこれに参加する態度を養うとともに家族や身近な人への信頼感を深め、自主、自律及び協同の精神並びに規範意識の芽生えを養うこと。

三　身近な社会生活、生命及び自然に対する興味を養い、それらに対する正しい理解と態度及び思考力の芽生えを養うこと。

四　日常の会話や、絵本、童話等に親しむことを通じて、言葉の使い方を正しく導くとともに、相手の話を理解しようとする態度を養うこと。

五　音楽、身体による表現、造形等に親しむことを通じて、豊かな感性と表現力の芽生えを養うこと。

第24条　幼稚園においては、第22条に規定する目的を実現するための教育を行うほか、幼児期の教育に関する各般の問題につき、保護者及び地域住民その他の関係者からの相談に応じ、必要な情報の提供及び助言を行うなど、家庭及び地域における幼児期の教育の支援に努めるものとする。

第25条　幼稚園の教育課程その他の保育内容に関する事項は、第22条及び第23条の規定に従い、文部科学大臣が定める。

第26条　幼稚園に入園することのできる者は、満3歳から、小学校就学の始期に達するまでの幼児とする。

第27条　幼稚園には、園長、教頭及び教諭を置かなければならない。

②幼稚園には、前項に規定するもののほか、副園長、主幹教諭、指導教諭、養護教諭、栄養教諭、事務職員、養護助教諭その他必要な職員を置くことができる。

③第1項の規定にかかわらず、副園長を置くときその他特別の事情のあるときは、教頭を置かないことができる。

④園長は、園務をつかさどり、所属職員を監督する。

⑤副園長は、園長を助け、命を受けて園務をつかさどる。

⑥教頭は、園長（副園長を置く幼稚園にあつては、園長及び副園長）を助け、園務を整理し、及び必要に応じ幼児の保育をつかさどる。

⑦主幹教諭は、園長（副園長を置く幼稚園にあつては、園長及び副園長）及び教頭を助け、命を受けて園務の一部を整理し、並びに幼児の保育をつかさどる。

⑧指導教諭は、幼児の保育をつかさどり、並びに教諭その他の職員に対して、保育の改善及び充実のために必要な指導

及び助言を行う。
⑨教諭は，幼児の保育をつかさどる。
⑩特別の事情のあるときは，第1項の規定にかかわらず，教諭に代えて助教諭又は講師を置くことができる。
⑪学校の実情に照らし必要があると認めるときは，第7項の規定にかかわらず，園長（副園長を置く幼稚園にあつては，園長及び副園長）及び教頭を助け，命を受けて園務の一部を整理し，並びに幼児の養護又は栄養の指導及び管理をつかさどる主幹教諭を置くことができる。

第28条　第37条第6項，第8項及び第12項から第17項まで並びに第42条から第44条までの規定は，幼稚園に準用する。

第4章　小学校

第29条　小学校は，心身の発達に応じて，義務教育として行われる普通教育のうち基礎的なものを施すことを目的とする。

第30条　小学校における教育は，前条に規定する目的を実現するために必要な程度において第21条各号に掲げる目標を達成するよう行われるものとする。
②前項の場合においては，生涯にわたり学習する基盤が培われるよう，基礎的な知識及び技能を習得させるとともに，これらを活用して課題を解決するために必要な思考力，判断力，表現力その他の能力をはぐくみ，主体的に学習に取り組む態度を養うことに，特に意を用いなければならない。

第31条　小学校においては，前条第1項の規定による目標の達成に資するよう，教育指導を行うに当たり，児童の体験的な学習活動，特にボランティア活動など社会奉仕体験活動，自然体験活動その他の体験活動の充実に努めるものとする。この場合において，社会教育関係団体その他の関係団体及び関係機関との連携に十分配慮しなければならない。

第32条　小学校の修業年限は，6年とする。

第33条　小学校の教育課程に関する事項は，第29条及び第30条の規定に従い，文部科学大臣が定める。

第34条　小学校においては，文部科学大臣の検定を経た教科用図書又は文部科学省が著作の名義を有する教科用図書を使用しなければならない。
②前項の教科用図書以外の図書その他の教材で，有益適切なものは，これを使用することができる。
③第1項の検定の申請に係る教科用図書に関し調査審議させるための審議会等（国家行政組織法（昭和23年法律第120号）第8条に規定する機関をいう。以下同じ。）については，政令で定める。

第35条　市町村の教育委員会は，次に掲げる行為の一又は二以上を繰り返し行う等性行不良であつて他の児童の教育に妨げがあると認める児童があるときは，その保護者に対して，児童の出席停止を命ずることができる。
一　他の児童に傷害，心身の苦痛又は財産上の損失を与える行為
二　職員に傷害又は心身の苦痛を与える行為
三　施設又は設備を損壊する行為
四　授業その他の教育活動の実施を妨げ

る行為
② 市町村の教育委員会は，前項の規定により出席停止を命ずる場合には，あらかじめ保護者の意見を聴取するとともに，理由及び期間を記載した文書を交付しなければならない。
③ 前項に規定するもののほか，出席停止の命令の手続に関し必要な事項は，教育委員会規則で定めるものとする。
④ 市町村の教育委員会は，出席停止の命令に係る児童の出席停止の期間における学習に対する支援その他の教育上必要な措置を講ずるものとする。

第37条　小学校には，校長，教頭，教諭，養護教諭及び事務職員を置かなければならない。
② 小学校には，前項に規定するもののほか，副校長，主幹教諭，指導教諭，栄養教諭その他必要な職員を置くことができる。
③ 第1項の規定にかかわらず，副校長を置くときその他特別の事情のあるときは教頭を，養護をつかさどる主幹教諭を置くときは養護教諭を，特別の事情のあるときは事務職員を，それぞれ置かないことができる。
④ 校長は，校務をつかさどり，所属職員を監督する。
⑤ 副校長は，校長を助け，命を受けて校務をつかさどる。
⑥ 副校長は，校長に事故があるときはその職務を代理し，校長が欠けたときはその職務を行う。この場合において，副校長が2人以上あるときは，あらかじめ校長が定めた順序で，その職務を代理し，又は行う。
⑦ 教頭は，校長（副校長を置く小学校にあつては，校長及び副校長）を助け，校務を整理し，及び必要に応じ児童の教育をつかさどる。
⑧ 教頭は，校長（副校長を置く小学校にあつては，校長及び副校長）に事故があるときは校長の職務を代理し，校長（副校長を置く小学校にあつては，校長及び副校長）が欠けたときは校長の職務を行う。この場合において，教頭が2人以上あるときは，あらかじめ校長が定めた順序で，校長の職務を代理し，又は行う。
⑨ 主幹教諭は，校長（副校長を置く小学校にあつては，校長及び副校長）及び教頭を助け，命を受けて校務の一部を整理し，並びに児童の教育をつかさどる。
⑩ 指導教諭は，児童の教育をつかさどり，並びに教諭その他の職員に対して，教育指導の改善及び充実のために必要な指導及び助言を行う。
⑪ 教諭は，児童の教育をつかさどる。
⑫ 養護教諭は，児童の養護をつかさどる。
⑬ 栄養教諭は，児童の栄養の指導及び管理をつかさどる。
⑭ 事務職員は，事務に従事する。
⑮ 助教諭は，教諭の職務を助ける。
⑯ 講師は，教諭又は助教諭に準ずる職務に従事する。
⑰ 養護助教諭は，養護教諭の職務を助ける。
⑱ 特別の事情のあるときは，第1項の規定にかかわらず，教諭に代えて助教諭

又は講師を，養護教諭に代えて養護助教諭を置くことができる。
⑲ 学校の実情に照らし必要があると認めるときは，第9項の規定にかかわらず，校長（副校長を置く小学校にあつては，校長及び副校長）及び教頭を助け，命を受けて校務の一部を整理し，並びに児童の養護又は栄養の指導及び管理をつかさどる主幹教諭を置くことができる。

第38条　市町村は，その区域内にある学齢児童を就学させるに必要な小学校を設置しなければならない。

第42条　小学校は，文部科学大臣の定めるところにより当該小学校の教育活動その他の学校運営の状況について評価を行い，その結果に基づき学校運営の改善を図るため必要な措置を講ずることにより，その教育水準の向上に努めなければならない。

第43条　小学校は，当該小学校に関する保護者及び地域住民その他の関係者の理解を深めるとともに，これらの者との連携及び協力の推進に資するため，当該小学校の教育活動その他の学校運営の状況に関する情報を積極的に提供するものとする。

第44条　私立の小学校は，都道府県知事の所管に属する。

第5章　中学校

第45条　中学校は，小学校における教育の基礎の上に，心身の発達に応じて，義務教育として行われる普通教育を施すことを目的とする。

第46条　中学校における教育は，前条に規定する目的を実現するため，第21条各号に掲げる目標を達成するよう行われるものとする。

第47条　中学校の修業年限は，3年とする。

第48条　中学校の教育課程に関する事項は，第45条及び第46条の規定並びに次条において読み替えて準用する第30条第2項の規定に従い，文部科学大臣が定める。

第49条　第30条第2項，第31条，第34条，第35条及び第37条から第44条までの規定は，中学校に準用する。この場合において，第30条第2項中「前項」とあるのは「第46条」と，第31条中「前条第1項」とあるのは「第46条」と読み替えるものとする。

第6章　高等学校

第50条　高等学校は，中学校における教育の基礎の上に，心身の発達及び進路に応じて，高度な普通教育及び専門教育を施すことを目的とする。

第51条　高等学校における教育は，前条に規定する目的を実現するため，次に掲げる目標を達成するよう行われるものとする。

一　義務教育として行われる普通教育の成果を更に発展拡充させて，豊かな人間性，創造性及び健やかな身体を養い，国家及び社会の形成者として必要な資質を養うこと。

二　社会において果たさなければならない使命の自覚に基づき，個性に応じて将来の進路を決定させ，一般的な教養を高め，専門的な知識，技術及び技能を習得させること。

三　個性の確立に努めるとともに，社会について，広く深い理解と健全な批判力を養い，社会の発展に寄与する態度を養うこと。
第52条　高等学校の学科及び教育課程に関する事項は，前２条の規定及び第62条において読み替えて準用する第30条第２項の規定に従い，文部科学大臣が定める。
第53条　高等学校には，全日制の課程のほか，定時制の課程を置くことができる。
②高等学校には，定時制の課程のみを置くことができる。
第54条　高等学校には，全日制の課程又は定時制の課程のほか，通信制の課程を置くことができる。
②高等学校には，通信制の課程のみを置くことができる。
③市町村の設置する高等学校については都道府県の教育委員会，私立の高等学校については都道府県知事は，高等学校の通信制の課程のうち，当該高等学校の所在する都道府県の区域内に住所を有する者のほか，全国的に他の都道府県の区域内に住所を有する者を併せて生徒とするものその他政令で定めるもの（以下この項において「広域の通信制の課程」という。）に係る第４条第１項に規定する認可（政令で定める事項に係るものに限る。）を行うときは，あらかじめ，文部科学大臣に届け出なければならない。都道府県の設置する高等学校の広域の通信制の課程について，当該都道府県の教育委員会がこの項前段の政令で定める事項を行うときも，同様とする。
④通信制の課程に関し必要な事項は，文部科学大臣が定める。
第55条　高等学校の定時制の課程又は通信制の課程に在学する生徒が，技能教育のための施設で当該施設の所在地の都道府県の教育委員会の指定するものにおいて教育を受けているときは，校長は，文部科学大臣の定めるところにより，当該施設における学習を当該高等学校における教科の一部の履修とみなすことができる。
②前項の施設の指定に関し必要な事項は，政令で，これを定める。
第56条　高等学校の修業年限は，全日制の課程については，３年とし，定時制の課程及び通信制の課程については，３年以上とする。
第57条　高等学校に入学することのできる者は，中学校若しくはこれに準ずる学校を卒業した者若しくは中等教育学校の前期課程を修了した者又は文部科学大臣の定めるところにより，これと同等以上の学力があると認められた者とする。
第60条　高等学校には，校長，教頭，教諭及び事務職員を置かなければならない。
②高等学校には，前項に規定するもののほか，副校長，主幹教諭，指導教諭，養護教諭，栄養教諭，養護助教諭，実習助手，技術職員その他必要な職員を置くことができる。
③第１項の規定にかかわらず，副校長を置くときは，教頭を置かないことができる。
④実習助手は，実験又は実習について，

教諭の職務を助ける。
⑤特別の事情のあるときは，第1項の規定にかかわらず，教諭に代えて助教諭又は講師を置くことができる。
⑥技術職員は，技術に従事する。

第61条　高等学校に，全日制の課程，定時制の課程又は通信制の課程のうち二以上の課程を置くときは，それぞれの課程に関する校務を分担して整理する教頭を置かなければならない。ただし，命を受けて当該課程に関する校務をつかさどる副校長が置かれる一の課程については，この限りではない。

第62条　第30条第2項，第31条，第34条，第37条第4項から第17項まで及び第19項並びに第42条から第44条までの規定は，高等学校に準用する。この場合において，第30条第2項中「前項」とあるのは「第51条」と，第31条中「前条第1項」とあるのは「第51条」と読み替えるものとする。

第7章　中等教育学校

第63条　中等教育学校は，小学校における教育の基礎の上に，心身の発達及び進路に応じて，義務教育として行われる普通教育並びに高度な普通教育及び専門教育を一貫して施すことを目的とする。

第64条　中等教育学校における教育は，前条に規定する目的を実現するため，次に掲げる目標を達成するよう行われるものとする。
一　豊かな人間性，創造性及び健やかな身体を養い，国家及び社会の形成者として必要な資質を養うこと。
二　社会において果たさなければならない使命の自覚に基づき，個性に応じて将来の進路を決定させ，一般的な教養を高め，専門的な知識，技術及び技能を習得させること。
三　個性の確立に努めるとともに，社会について，広く深い理解と健全な批判力を養い，社会の発展に寄与する態度を養うこと。

第65条　中等教育学校の修業年限は，6年とする。

第66条　中等教育学校の課程は，これを前期3年の前期課程及び後期3年の後期課程に区分する。

第8章　特別支援教育

第72条　特別支援学校は，視覚障害者，聴覚障害者，知的障害者，肢体不自由者又は病弱者（身体虚弱者を含む。以下同じ。）に対して，幼稚園，小学校，中学校又は高等学校に準ずる教育を施すとともに，障害による学習上又は生活上の困難を克服し自立を図るために必要な知識技能を授けることを目的とする。

第73条　特別支援学校においては，文部科学大臣の定めるところにより，前条に規定する者に対する教育のうち当該学校が行うものを明らかにするものとする。

第74条　特別支援学校においては，第72条に規定する目的を実現するための教育を行うほか，幼稚園，小学校，中学校，高等学校又は中等教育学校の要請に応じて，第81条第1項に規定する幼児，児童又は生徒の教育に関し必要な助言又は援助を行うよう努めるものとする。

第75条　第72条に規定する視覚障害者，聴覚障害者，知的障害者，肢体不自由者

又は病弱者の障害の程度は，政令で定める。

第76条　特別支援学校には，小学部及び中学部を置かなければならない。ただし，特別の必要のある場合においては，そのいずれかのみを置くことができる。

②特別支援学校には，小学部及び中学部のほか，幼稚部又は高等部を置くことができ，また，特別の必要のある場合においては，前項の規定にかかわらず，小学部及び中学部を置かないで幼稚部又は高等部のみを置くことができる。

第77条　特別支援学校の幼稚部の教育課程その他の保育内容，小学部及び中学部の教育課程又は高等部の学科及び教育課程に関する事項は，幼稚園，小学校，中学校又は高等学校に準じて，文部科学大臣が定める。

第78条　特別支援学校には，寄宿舎を設けなければならない。ただし，特別の事情のあるときは，これを設けないことができる。

第79条　寄宿舎を設ける特別支援学校には，寄宿舎指導員を置かなければならない。

②寄宿舎指導員は，寄宿舎における幼児，児童又は生徒の日常生活上の世話及び生活指導に従事する。

第80条　都道府県は，その区域内にある学齢児童及び学齢生徒のうち，視覚障害者，聴覚障害者，知的障害者，肢体不自由者又は病弱者で，その障害が第75条の政令で定める程度のものを就学させるに必要な特別支援学校を設置しなければならない。

第81条　幼稚園，小学校，中学校，高等学校及び中等教育学校においては，次項各号のいずれかに該当する幼児，児童及び生徒その他教育上特別の支援を必要とする幼児，児童及び生徒に対し，文部科学大臣の定めるところにより，障害による学習上又は生活上の困難を克服するための教育を行うものとする。

②小学校，中学校，高等学校及び中等教育学校には，次の各号のいずれかに該当する児童及び生徒のために，特別支援学級を置くことができる。

一　知的障害者
二　肢体不自由者
三　身体虚弱者
四　弱視者
五　難聴者
六　その他障害のある者で，特別支援学級において教育を行うことが適当なもの

③前項に規定する学校においては，疾病により療養中の児童及び生徒に対して，特別支援学級を設け，又は教員を派遣して，教育を行うことができる。

第82条　第26条，第27条，第31条（第49条及び第62条において読み替えて準用する場合を含む。），第32条，第34条（第49条及び第62条において準用する場合を含む。），第36条，第37条（第28条，第49条及び第62条において準用する場合を含む。），第42条から第44条まで，第47条及び第56条から第60条までの規定は特別支援学校に，第84条の規定は特別支援学校の高等部に，それぞれ準用する。

第9章　大学

第83条　大学は，学術の中心として，広く知識を授けるとともに，深く専門の学芸を教授研究し，知的，道徳的及び応用的能力を展開させることを目的とする。

②大学は，その目的を実現するための教育研究を行い，その成果を広く社会に提供することにより，社会の発展に寄与するものとする。

第84条　大学は，通信による教育を行うことができる。

第85条　大学には，学部を置くことを常例とする。ただし，当該大学の教育研究上の目的を達成するため有益かつ適切である場合においては，学部以外の教育研究上の基本となる組織を置くことができる。

第86条　大学には，夜間において授業を行う学部又は通信による教育を行う学部を置くことができる。

第87条　大学の修業年限は，4年とする。ただし，特別の専門事項を教授研究する学部及び前条の夜間において授業を行う学部については，その修業年限は，4年を超えるものとすることができる。

②医学，歯学又は獣医学を履修する課程については，前項本文の規定にかかわらず，その修業年限は，6年とする。

第88条　大学の学生以外の者として一の大学において一定の単位を修得した者が当該大学に入学する場合において，当該単位の修得により当該大学の教育課程の一部を履修したと認められるときは，文部科学大臣の定めるところにより，修得した単位数その他の事項を勘案して大学が定める期間を修業年限に通算することができる。ただし，その期間は，当該大学の修業年限の2分の1を超えてはならない。

第89条　大学は，文部科学大臣の定めるところにより，当該大学の学生（第87条第2項に規定する課程に在学するものを除く。）で当該大学に3年（同条第1項ただし書の規定により修業年限を4年を超えるものとする学部の学生にあつては，3年以上で文部科学大臣の定める期間）以上在学したもの（これに準ずるものとして文部科学大臣の定める者を含む。）が，卒業の要件として当該大学の定める単位を優秀な成績で修得したと認める場合には，同項の規定にかかわらず，その卒業を認めることができる。

第93条　大学には，重要な事項を審議するため，教授会を置かなければならない。

②教授会の組織には，准教授その他の職員を加えることができる。

第96条　大学には，研究所その他の研究施設を附置することができる。

第97条　大学には，大学院を置くことができる。

第99条　大学院は，学術の理論及び応用を教授研究し，その深奥をきわめ，又は高度の専門性が求められる職業を担うための深い学識及び卓越した能力を培い，文化の進展に寄与することを目的とする。

②大学院のうち，学術の理論及び応用を教授研究し，高度の専門性が求められる職業を担うための深い学識及び卓越した能力を培うことを目的とするものは，専門職大学院とする。

第102条　大学院に入学することのできる者は，第83条の大学を卒業した者又は文部科学大臣の定めるところにより，これと同等以上の学力があると認められた者とする。ただし，研究科の教育研究上必要がある場合においては，当該研究科に係る入学資格を，修士の学位若しくは第104条第1項に規定する文部科学大臣の定める学位を有する者又は文部科学大臣の定めるところにより，これと同等以上の学力があると認められた者とすることができる。

②前項本文の規定にかかわらず，大学院を置く大学は，文部科学大臣の定めるところにより，第83条の大学に文部科学大臣の定める年数以上在学した者（これに準ずる者として文部科学大臣が定める者を含む。）であつて，当該大学院を置く大学の定める単位を優秀な成績で修得したと認めるものを，当該大学院に入学させることができる。

第103条　教育研究上特別の必要がある場合においては，第85条の規定にかかわらず，学部を置くことなく大学院を置くものを大学とすることができる。

第104条　大学（第108条第2項の大学（以下この条において「短期大学」という。）を除く。以下この条において同じ。）は，文部科学大臣の定めるところにより，大学を卒業した者に対し学士の学位を，大学院（専門職大学院を除く。）の課程を修了した者に対し修士又は博士の学位を，専門職大学院の課程を修了した者に対し文部科学大臣の定める学位を授与するものとする。

②大学は，文部科学大臣の定めるところにより，前項の規定により博士の学位を授与された者と同等以上の学力があると認める者に対し，博士の学位を授与することができる。

③短期大学は，文部科学大臣の定めるところにより，短期大学を卒業した者に対し短期大学士の学位を授与するものとする。

④独立行政法人大学評価・学位授与機構は，文部科学大臣の定めるところにより，次の各号に掲げる者に対し，当該各号に定める学位を授与するものとする。

一　短期大学若しくは高等専門学校を卒業した者又はこれに準ずる者で，大学における一定の単位の修得又はこれに相当するものとして文部科学大臣の定める学習を行い，大学を卒業した者と同等以上の学力を有すると認める者　学士

二　学校以外の教育施設で学校教育に類する教育を行うもののうち当該教育を行うにつき他の法律に特別の規定があるものに置かれる課程で，大学又は大学院に相当する教育を行うと認めるものを修了した者　学士，修士又は博士

⑤学位に関する事項を定めるについては，文部科学大臣は，第94条の政令で定める審議会等に諮問しなければならない。

第105条　大学は，文部科学大臣の定めるところにより，当該大学の学生以外の者を対象とした特別の課程を編成し，これを修了した者に対し，修了の事実を証す

る証明書を交付することができる。

第106条　大学は，当該大学に学長，副学長，学部長，教授，准教授又は講師として勤務した者であつて，教育上又は学術上特に功績のあつた者に対し，当該大学の定めるところにより，名誉教授の称号を授与することができる。

第10章　高等専門学校

第115条　高等専門学校は，深く専門の学芸を教授し，職業に必要な能力を育成することを目的とする。

②高等専門学校は，その目的を実現するための教育を行い，その成果を広く社会に提供することにより，社会の発展に寄与するものとする。

第116条　高等専門学校には，学科を置く。

②前項の学科に関し必要な事項は，文部科学大臣が定める。

第117条　高等専門学校の修業年限は，5年とする。ただし，商船に関する学科については，5年6月とする。

第118条　高等専門学校に入学することのできる者は，第57条に規定する者とする。

第11章　専修学校

第124条　第1条に掲げるもの以外の教育施設で，職業若しくは実際生活に必要な能力を育成し，又は教養の向上を図ることを目的として次の各号に該当する組織的な教育を行うもの（当該教育を行うにつき他の法律に特別の規定があるもの及び我が国に居住する外国人を専ら対象とするものを除く。）は，専修学校とする。

一　修業年限が1年以上であること。

二　授業時数が文部科学大臣の定める授業時数以上であること。

三　教育を受ける者が常時40人以上であること。

第125条　専修学校には，高等課程，専門課程又は一般課程を置く。

②専修学校の高等課程においては，中学校若しくはこれに準ずる学校を卒業した者若しくは中等教育学校の前期課程を修了した者又は文部科学大臣の定めるところによりこれと同等以上の学力があると認められた者に対して，中学校における教育の基礎の上に，心身の発達に応じて前条の教育を行うものとする。

③専修学校の専門課程においては，高等学校若しくはこれに準ずる学校若しくは中等教育学校を卒業した者又は文部科学大臣の定めるところによりこれに準ずる学力があると認められた者に対して，高等学校における教育の基礎の上に，前条の教育を行うものとする。

④専修学校の一般課程においては，高等課程又は専門課程の教育以外の前条の教育を行うものとする。

第126条　高等課程を置く専修学校は，高等専修学校と称することができる。

②専門課程を置く専修学校は，専門学校と称することができる。

第127条　専修学校は，国及び地方公共団体のほか，次に該当する者でなければ，設置することができない。

一　専修学校を経営するために必要な経済的基礎を有すること。

二　設置者（設置者が法人である場合にあつては，その経営を担当する当該法

人の役員とする。次号において同じ。）が専修学校を経営するために必要な知識又は経験を有すること。
三　設置者が社会的信望を有すること。

第12章　雑　則

第134条　第1項に掲げるもの以外のもので，学校教育に類する教育を行うもの（当該教育を行うにつき他の法律に特別の規定があるもの及び第124条に規定する専修学校の教育を行うものを除く。）は，各種学校とする。

②第4条第1項，第5条から第7条まで，第9条から第11条まで，第13条，第14条及び第42条から第44条までの規定は，各種学校に準用する。この場合において，第4条第1項中「次の各号に掲げる学校の区分に応じ，それぞれ当該各号に定める者」とあるのは「市町村の設置する各種学校にあつては都道府県の教育委員会，私立の各種学校にあつては都道府県知事」と，第10条中「大学及び高等専門学校にあつては文部科学大臣に，大学及び高等専門学校以外の学校にあつては都道府県知事に」とあるのは「都道府県知事に」と，第13条中「第4条第1項各号に掲げる学校」とあるのは「市町村の設置する各種学校又は私立の各種学校」と，「同項各号に定める者」とあるのは「都道府県の教育委員会又は都道府県知事」と，同条第2号中「その者」とあるのは「当該都道府県の教育委員会又は都道府県知事」と，第14条中「大学及び高等専門学校以外の市町村の設置する学校については都道府県の教育委員会，大学及び高等専門学校以外の私立学校については都道府県知事」とあるのは「市町村の設置する各種学校については都道府県の教育委員会，私立の各種学校については都道府県知事」と読み替えるものとする。

③前項のほか，各種学校に関し必要な事項は，文部科学大臣が定める。

第135条　専修学校，各種学校その他第1条に掲げるもの以外の教育施設は，同条に掲げる学校の名称又は大学院の名称を用いてはならない。

②　高等課程を置く専修学校以外の教育施設は高等専修学校の名称を，専門課程を置く専修学校以外の教育施設は専門学校の名称を，専修学校以外の教育施設は専修学校の名称を用いてはならない。

第137条　学校教育上支障のない限り，学校には，社会教育に関する施設を附置し，又は学校の施設を社会教育その他公共のために，利用させることができる。

第138条　第17条第3項の政令で定める事項のうち同条第1項又は第2項の義務の履行に関する処分に該当するもので政令で定めるものについては，行政手続法（平成5年法律第88号）第3章の規定は，適用しない。

第13章　罰　則

第143条　第13条の規定（第133条第1項及び第134条第2項において準用する場合を含む。）による閉鎖命令又は第136条第2項の規定による命令に違反した者は，六月以下の懲役若しくは禁錮《こ》又は二十万円以下の罰金に処する。

第144条　第17条第1項又は第2項の義

務の履行の督促を受け，なお履行しない者は，十万円以下の罰金に処する。
第145条　第20条の規定に違反した者は，十万円以下の罰金に処する。
第146条　第135条の規定に違反した者は，十万円以下の罰金に処する。

4　学校教育法施行規則（抄）

（2009〔平成21〕年8月20日　文部科学省令第30号）

目次
第1章　総則
第1節　設置廃止等（第1条―第19条）
　第2節　校長，副校長及び教頭の資格（第20条―第23条）
　第3節　管理（第24条―第28条）
第2章　義務教育（第29条―第35条）
第3章　幼稚園（第36条―第39条）
第4章　小学校
　第1節　設備編成（第40条―第49条）
　第2節　教育課程（第50条―第58条）
　第3節　学年及び授業日（第59条―第63条）
　第4節　職員（第64条・第65条）
　第5節　学校評価（第66条―第68条）
第5章　中学校（第69条―第79条）
第6章　高等学校
　第1節　設備，編成，学科及び教育課程（第80条―第89条）
　第2節　入学，退学，転学，留学，休学及び卒業等（第90条―第100条）
　第3節　定時制の課程及び通信制の課程並びに学年による教育課程の区分を設けない場合その他（第101条―第104条）
第7章　中等教育学校並びに併設型中学校及び併設型高等学校
　第1節　中等教育学校（第105条―第113条）
　第2節　併設型中学校及び併設型高等学校の教育課程及び入学（第114条―第117条）
第8章　特別支援教育（第118条―第141条）
第9章　大学
　第1節　設備，編成，学部及び学科（第142条・第143条）
　第2節　入学，退学，転学，留学，休学及び卒業等（第144条―第163条）
　第3節　履修証明書が交付される特別の課程（第164条）
　第4節　認証評価その他（第165条―第173条）
第10章　高等専門学校（第174条―第179条）
第11章　専修学校（第180条―第189条）
第12章　雑則（第190条・第191条）

第1章　総則

第1条　学校には，その学校の目的を実現するために必要な校地，校舎，校具，運動場，図書館又は図書室，保健室その他の設備を設けなければならない。

②学校の位置は，教育上適切な環境に，これを定めなければならない。

第24条　校長は，その学校に在学する児童等の指導要録（学校教育法施行令第31条に規定する児童等の学習及び健康の状況を記録した書類の原本をいう。以下同じ。）を作成しなければならない。

②校長は，児童等が進学した場合においては，その作成に係る当該児童等の指導要録の抄本又は写しを作成し，これを進学先の校長に送付しなければならない。

③校長は，児童等が転学した場合においては，その作成に係る当該児童等の指導要録の写しを作成し，その写し（転学してきた児童等については転学により送付を受けた指導要録の写しを含む。）及び前項の抄本又は写しを転学先の校長に送付しなければならない。

第25条　校長（学長を除く。）は，当該学校に在学する児童等について出席簿を作成しなければならない。

第26条　校長及び教員が児童等に懲戒を加えるに当つては，児童等の心身の発達に応ずる等教育上必要な配慮をしなければならない。

②懲戒のうち，退学，停学及び訓告の処分は，校長（大学にあつては，学長の委任を受けた学部長を含む。）が行う。

③前項の退学は，公立の小学校，中学校（学校教育法第71条の規定により高等学校における教育と一貫した教育を施すもの（以下「併設型中学校」という。）を除く。）又は特別支援学校に在学する学齢児童又は学齢生徒を除き，次の各号のいずれかに該当する児童等に対して行うことができる。

一　性行不良で改善の見込がないと認められる者

二　学力劣等で成業の見込がないと認められる者

三　正当の理由がなくて出席常でない者

四　学校の秩序を乱し，その他学生又は生徒としての本分に反した者

④第2項の停学は，学齢児童又は学齢生徒に対しては，行うことができない。

第28条　学校において備えなければならない表簿は，概ね次のとおりとする。

一　学校に関係のある法令

二　学則，日課表，教科用図書配当表，学校医執務記録簿，学校歯科医執務記録簿，学校薬剤師執務記録簿及び学校日誌

三　職員の名簿，履歴書，出勤簿並びに担任学級，担任の教科又は科目及び時間表

四　指導要録，その写し及び抄本並びに出席簿及び健康診断に関する表簿

五　入学者の選抜及び成績考査に関する表簿

六　資産原簿，出納簿及び経費の予算決算についての帳簿並びに図書機械器具，標本，模型等の教具の目録

七　往復文書処理簿

②前項の表簿（第24条第2項の抄本又

は写しを除く。）は，別に定めるもののほか，5年間保存しなければならない。ただし，指導要録及びその写しのうち入学，卒業等の学籍に関する記録については，その保存期間は，20年間とする。
③学校教育法施行令第31条の規定により指導要録及びその写しを保存しなければならない期間は，前項のこれらの書類の保存期間から当該学校においてこれらの書類を保存していた期間を控除した期間とする。

第2章　義務教育

第30条　学校教育法施行令第1条第1項の学齢簿に記載（同条第3項の規定により磁気ディスクをもつて調製する学齢簿にあつては，記録。以下同じ。）をすべき事項は，次の各号に掲げる区分に応じ，当該各号に掲げる事項とする。
一　学齢児童又は学齢生徒に関する事項　氏名，現住所，生年月日及び性別
二　保護者に関する事項　氏名，現住所及び保護者と学齢児童又は学齢生徒との関係
三　就学する学校に関する事項
　イ　当該市町村の設置する小学校又は中学校（併設型中学校を除く。）に就学する者について，当該学校の名称並びに当該学校に係る入学，転学及び卒業の年月日
　ロ　学校教育法施行令第9条に定める手続きにより当該市町村の設置する小学校又は中学校（併設型中学校を除く。）以外の小学校，中学校又は中等教育学校に就学する者について，当該学校及びその設置者の名称並びに当該学校に係る入学，転学，退学及び卒業の年月日
　ハ　特別支援学校の小学部又は中学部に就学する者について，当該学校及び部並びに当該学校の設置者の名称並びに当該部に係る入学，転学，退学及び卒業の年月日
四　就学の督促等に関する事項　学校教育法施行令第20条又は第21条の規定に基づき就学状況が良好でない者等について，校長から通知を受けたとき，又は就学義務の履行を督促したときは，その旨及び通知を受け，又は督促した年月日
五　就学義務の猶予又は免除に関する事項　学校教育法第18条の規定により保護者が就学させる義務を猶予又は免除された者について，猶予の年月日，事由及び期間又は免除の年月日及び事由並びに猶予又は免除された者のうち復学した者については，その年月日
六　その他必要な事項　市町村の教育委員会が学齢児童又は学齢生徒の就学に関し必要と認める事項

第35条　学校教育法第18条の規定により保護者が就学させる義務を猶予又は免除された子について，当該猶予の期間が経過し，又は当該猶予若しくは免除が取り消されたときは，校長は，当該子を，その年齢及び心身の発達状況を考慮して，相当の学年に編入することができる。

第3章　幼稚園

第36条　幼稚園の設備，編制その他設置に関する事項は，この章に定めるものの

ほか，幼稚園設置基準（昭和31年文部省令第32号）の定めるところによる。

第37条　幼稚園の毎学年の教育週数は，特別の事情のある場合を除き，39週を下つてはならない。

第38条　幼稚園の教育課程その他の保育内容については，この章に定めるもののほか，教育課程その他の保育内容の基準として文部科学大臣が別に公示する幼稚園教育要領によるものとする。

第39条　第48条，第49条，第54条，第59条から第68条までの規定は，幼稚園に準用する。

第4章　小学校

第41条　小学校の学級数は，12学級以上18学級以下を標準とする。ただし，地域の実態その他により特別の事情のあるときは，この限りでない。

第42条　小学校の分校の学級数は，特別の事情のある場合を除き，5学級以下とし，前条の学級数に算入しないものとする。

第43条　小学校においては，調和のとれた学校運営が行われるためにふさわしい校務分掌の仕組みを整えるものとする。

第44条　小学校には，教務主任及び学年主任を置くものとする。

②前項の規定にかかわらず，第4項に規定する教務主任の担当する校務を整理する主幹教諭を置くときその他特別の事情のあるときは教務主任を，第5項に規定する学年主任の担当する校務を整理する主幹教諭を置くときその他特別の事情のあるときは学年主任を，それぞれ置かないことができる。

③教務主任及び学年主任は，指導教諭又は教諭をもって，これに充てる。

④教務主任は，校長の監督を受け，教育計画の立案その他の教務に関する事項について連絡調整及び指導，助言に当たる。

⑤学年主任は，校長の監督を受け，当該学年の教育活動に関する事項について連絡調整及び指導，助言に当たる。

第45条　小学校においては，保健主事を置くものとする。

②前項の規定にかかわらず，第4項に規定する保健主事の担当する校務を整理する主幹教諭を置くときその他特別の事情のあるときは，保健主事を置かないことができる。

③保健主事は，指導教諭，教諭又は養護教諭をもって，これに充てる。

④保健主事は，校長の監督を受け，小学校における保健に関する事項の管理に当る。

第46条　小学校には，事務長又は事務主任を置くことができる。

②事務長及び事務主任は，事務職員をもつて，これに充てる。

③事務長は，校長の監督を受け，事務職員その他の職員が行う事務を総括し，その他事務をつかさどる。

④事務主任は，校長の監督を受け，事務をつかさどる。

第47条　小学校においては，前3条に規定する教務主任，学年主任，保健主事及び事務主任のほか，必要に応じ，校務を分担する主任等を置くことができる。

第50条　小学校の教育課程は，国語，社

会，算数，理科，生活，音楽，図画工作，家庭及び体育の各教科（以下本節中「各教科」という。），道徳，外国語活動，総合的な学習の時間並びに特別活動の時間によつて編成するものとする。

②私立の小学校の教育課程を編成する場合は，前項の規定にかかわらず，宗教を加えることができる。この場合においては，宗教をもつて前項の道徳に代えることができる。

第51条　小学校の各学年における各教科，道徳，外国語活動，総合的な学習の時間及び特別活動のそれぞれの授業時数並びに各学年におけるこれらの総授業時数は，別表第1に定める授業時数を標準とする。

第52条　小学校の教育課程については，この節に定めるもののほか，教育課程の基準として文部科学大臣が別に公示する小学校学習指導要領によるものとする。

第53条　小学校においては，必要がある場合には，一部の各教科について，これらを合わせて授業を行うことができる。

別表第1　（第51条関係）

区　分		第1学年	第2学年	第3学年	第4学年	第5学年	第6学年
各教科の授業時数	国　語	306	315	245	245	175	175
	社　会			70	90	100	105
	算　数	136	175	175	175	175	175
	理　科			90	105	105	105
	生　活	102	105				
	音　楽	68	70	60	60	50	50
	図画工作	68	70	60	60	50	50
	家　庭					60	55
	体　育	102	105	105	105	90	90
道徳の授業時数		34	35	35	35	35	35
外国語活動の授業時数						35	35
総合的な学習の時間の授業時数				70	70	70	70
特別活動の授業時数		34	35	35	35	35	35
総授業時数		850	910	945	980	980	980

備考
1　この表の授業時数の1単位時間は，45分とする。
2　特別活動の授業時数は，小学校学習指導要領で定める学級活動（学校給食に係るものを除く。）に充てるものとする。
3　第50条第二項の場合において，道徳のほかに宗教を加えるときは，宗教の授業時数をもつてこの表の道徳の授業時数の一部に代えることができる。（別表第2及び別表第4の場合においても同様とする。）

第54条　児童が心身の状況によつて履修することが困難な各教科は，その児童の心身の状況に適合するように課さなければならない。

第55条　小学校の教育課程に関し，その改善に資する研究を行うため特に必要があり，かつ，児童の教育上適切な配慮がなされていると文部科学大臣が認める場合においては，文部科学大臣が別に定めるところにより，第50条第1項，第51条又は第52条の規定によらないことができる。

第56条　小学校において，学校生活への適応が困難であるため相当の期間小学校を欠席していると認められる児童を対象として，その実態に配慮した特別の教育課程を編成して教育を実施する必要があると文部科学大臣が認める場合においては，文部科学大臣が別に定めるところにより，第50条第1項，第51条又は第52条の規定によらないことができる。

第57条　小学校において，各学年の課程の修了又は卒業を認めるに当たつては，児童の平素の成績を評価して，これを定めなければならない。

第58条　校長は，小学校の全課程を修了したと認めた者には，卒業証書を授与しなければならない。

別表第2　（第73条関係）

区　分		第1学年	第2学年	第3学年
各教科の授業時数	国　語	140	140	105
	社　会	105	105	140
	数　学	140	105	140
	理　科	105	140	140
	音　楽	45	35	35
	美　術	45	35	35
	保健体育	105	105	105
	技術・家庭	70	70	35
	外国語	140	140	140
道徳の授業時数		35	35	35
総合的な学習の時間の授業時数		50	70	70
特別活動の授業時数		35	35	35
総授業時数		1015	1015	1015

備考
1　この表の授業時数の1単位時間は，50分とする。
2　特別活動の授業時数は，中学校学習指導要領で定める学級活動（学校給食に係るものを除く。）に充てるものとする。

第61条　公立小学校における休業日は，次のとおりとする。ただし，第3号に掲げる日を除き，特別の必要がある場合は，この限りでない。
　一　国民の祝日に関する法律（昭和23年法律第178号）に規定する日
　二　日曜日及び土曜日
　三　学校教育法施行令第29条の規定により教育委員会が定める日

第62条　私立小学校における学期及び休業日は，当該学校の学則で定める。

第63条　非常変災その他急迫の事情があるときは，校長は，臨時に授業を行わないことができる。この場合において，公立小学校についてはこの旨を教育委員会に報告しなければならない。

第66条　小学校は，当該小学校の教育活動その他の学校運営の状況について，自ら評価を行い，その結果を公表するものとする。

第5章　中学校

第70条　中学校には，生徒指導主事を置くものとする。
　②前項の規定にかかわらず，第4項に規定する生徒指導主事の担当する校務を整理する主幹教諭を置くときその他特別の事情のあるときは，生徒指導主事を置かないことができる。
　③生徒指導主事は，指導教諭又は教諭をもつて，これに充てる。
　④生徒指導主事は，校長の監督を受け，生徒指導に関する事項をつかさどり，当該事項について連絡調整及び指導，助言に当たる。

第71条　中学校には，進路指導主事を置くものとする。
　②前項の規定にかかわらず，第3項に規定する進路指導主事の担当する校務を整理する主幹教諭を置くときは，進路指導主事を置かないことができる。
　③進路指導主事は，指導教諭又は教諭をもつて，これに充てる。校長の監督を受け，生徒の職業選択の指導その他の進路の指導に関する事項をつかさどり，当該事項について連絡調整及び指導，助言に当たる。

第72条　中学校の教育課程は，国語，社会，数学，理科，音楽，美術，保健体育，技術・家庭及び外国語の各教科（以下本章及び第7章中「各教科」という。），道徳，総合的な学習の時間並びに特別活動によつて編成するものとする。

第73条　中学校（併設型中学校及び第75条第2項に規定する連携型中学校を除く。）の各学年における各教科，道徳，総合的な学習の時間及び特別活動のそれぞれの授業時数並びに各学年におけるこれらの総授業時数は，別表第2に定める授業時数を標準とする。

第74条　中学校の教育課程については，この章に定めるもののほか，教育課程の基準として文部科学大臣が別に公示する中学校学習指導要領によるものとする。

第75条　中学校（併設型中学校を除く。）においては，高等学校における教育との一貫性に配慮した教育を施すため，当該中学校の設置者が当該高等学校の設置者との協議に基づき定めるところにより，教育課程を編成することができる。
　②前項の規定により教育課程を編成する

中学校（以下「連携型中学校」という。）は，第87条第1項の規定により教育課程を編成する高等学校と連携し，その教育課程を実施するものとする。

第79条　第41条から第49条まで，第50条第2項，第54条から第68条までの規定は，中学校に準用する。この場合において，第42条中「5学級」とあるのは「2学級」と，第55条から第56条までの規定中「第50条第1項，第51条又は第52条」とあるのは「第72条，第73条（併設型中学校にあつては第117条において準用する第107条，連携型中学校にあつては第76条）又は第74条」と，第55条の2中「第30条第1項」とあるのは「第46条」と読み替えるものとする。

第6章　高等学校

第80条　高等学校の設備，編制，学科の種類その他設置に関する事項は，この節に定めるもののほか，高等学校設置基準（平成16年文部科学省令第20号）の定めるところによる。

第83条　高等学校の教育課程は，別表第3に定める各教科に属する科目，総合的な学習の時間及び特別活動によつて編成するものとする。

第84条　高等学校の教育課程については，この章に定めるもののほか，教育課程の基準として文部科学大臣が別に公示する高等学校学習指導要領によるものとする。

第89条　高等学校においては，文部科学大臣の検定を経た教科用図書又は文部科学省が著作の名義を有する教科用図書のない場合には，当該高等学校の設置者の定めるところにより，他の適切な教科用図書を使用することができる。

第90条　高等学校の入学は，第78条の規定により送付された調査書その他必要な書類，選抜のための学力検査（以下この条において「学力検査」という。）の成績等を資料として行う入学者の選抜に基づいて，校長が許可する。

②学力検査は，特別の事情のあるときは，行わないことができる。

③調査書は，特別の事情のあるときは，入学者の選抜のための資料としないことができる。

④連携型高等学校における入学者の選抜は，第75条第1項の規定により編成する教育課程に係る連携型中学校の生徒については，調査書及び学力検査の成績以外の資料により行うことができる。

⑤公立の高等学校に係る学力検査は，当該高等学校を設置する都道府県又は市町村の教育委員会が行う。

第96条　校長は，生徒の高等学校の全課程の修了を認めるに当たつては，高等学校学習指導要領の定めるところにより，74単位以上を修得した者について行わなければならない。ただし，第85条，第85条の2又は第86条の規定により，高等学校の教育課程に関し第83条又は第84条の規定によらない場合においては，文部科学大臣が別に定めるところにより行うものとする。

第7章　中等教育学校並びに併設型中学校及び併設型高等学校

第106条　中等教育学校の前期課程の設備，編制その他設置に関する事項については，

中学校設置基準の規定を準用する。
　②中等教育学校の後期課程の設備，編制，学科の種類その他設置に関する事項については，高等学校設置基準の規定を準用する。
第108条　中等教育学校の前期課程の教育課程については，第50条第2項，第55条から第56条まで及び第72条の規定並びに第74条の規定に基づき文部科学大臣が公示する中学校学習指導要領の規定を準用する。この場合において，第55条から第56条までの規定中「第50条第1項，第51条又は第52条」とあるのは，「第107条又は第108条第1項において準用する第72条若しくは第74条の規定に基づき文部科学大臣が公示する中学校学習指導要領」と，第55条の2中「第30条第1項」とあるのは「第67条第1項」と読み替えるものとする。
　②中等教育学校の後期課程の教育課程については，第83条及び第85条から第86条までの規定並びに第84条の規定に基づき文部科学大臣が公示する高等学校学習指導要領の規定を準用する。この場合において，第85条中「前2条」とあり，並びに第85条の2及び第86条中「第83条又は第84条」とあるのは，「第108条第2項において準用する第83条又は第84条の規定に基づき文部科学大臣が公示する高等学校学習指導要領」と，第85条の2中「第51条」とあるのは「第67条第2項」と読み替えるものとする。
第115条　併設型中学校及び併設型高等学校においては，中学校における教育と高等学校における教育を一貫して施すため，設置者の定めるところにより，教育課程を編成するものとする。
第116条　第90条第1項の規定にかかわらず，併設型高等学校においては，当該高等学校に係る併設型中学校の生徒については入学者の選抜は行わないものとする。

　　　　　第8章　特別支援教育
第120条　特別支援学校の幼稚部において，主幹教諭，指導教諭又は教諭（以下「教諭等」という。）1人の保育する幼児数は，8人以下を標準とする。
　②特別支援学校の小学部又は中学部の1学級の児童又は生徒の数は，法令に特別の定めのある場合を除き，視覚障害者又は聴覚障害者である児童又は生徒に対する教育を行う学級にあつては10人以下を，知的障害者，肢体不自由者又は病弱者（身体虚弱者を含む。以下同じ。）である児童又は生徒に対する教育を行う学級にあつては15人以下を標準とし，高等部の同時に授業を受ける1学級の生徒数は，15人以下を標準とする。
第121条　特別支援学校の小学部，中学部又は高等部の学級は，同学年の児童又は生徒で編制するものとする。ただし，特別の事情がある場合においては，数学年の児童又は生徒を1学級に編制することができる。
　②特別支援学校の幼稚部における保育は，特別の事情のある場合を除いては，視覚障害者，聴覚障害者，知的障害者，肢体不自由者及び病弱者の別ごとに行

③特別支援学校の小学部，中学部又は高等部の学級は，特別の事情のある場合を除いては，視覚障害者，聴覚障害者，知的障害者，肢体不自由者又は病弱者の別ごとに編制するものとする。

第122条　特別支援学校の幼稚部においては，同時に保育される幼児数8人につき教諭等を1人置くことを基準とする。

②特別支援学校の小学部においては，校長のほか，1学級当たり教諭等を1人以上置かなければならない。

③特別支援学校の中学部においては，1学級当たり教諭等を2人置くことを基準とする。

④視覚障害者である生徒及び聴覚障害者である生徒に対する教育を行う特別支援学校の高等部においては，自立教科（理療，理学療法，理容その他の職業についての知識技能の修得に関する教科をいう。）を担任するため，必要な数の教員を置かなければならない。

⑤前4項の場合において，特別の事情があり，かつ，教育上支障がないときは，校長，副校長若しくは教頭が教諭等を兼ね，又は助教諭若しくは講師をもつて教諭等に代えることができる。

第123条　寄宿舎指導員の数は，寄宿舎に寄宿する児童等の数を6で除して得た数以上を標準とする。

第126条　特別支援学校の小学部の教育課程は，国語，社会，算数，理科，生活，音楽，図画工作，家庭及び体育の各教科，道徳，外国語活動，総合的な学習の時間，特別活動並びに自立活動によつて編成するものとする。

②前項の規定にかかわらず，知的障害者である児童を教育する場合は，生活，国語，算数，音楽，図画工作及び体育の各教科，道徳，特別活動並びに自立活動によつて教育課程を編成するものとする。

第127条　特別支援学校の中学部の教育課程は，国語，社会，数学，理科，音楽，美術，保健体育，技術・家庭及び外国語の各教科，道徳，総合的な学習の時間，特別活動並びに自立活動によつて編成するものとする。

②前項の規定にかかわらず，知的障害者である生徒を教育する場合は，国語，社会，数学，理科，音楽，美術，保健体育及び職業・家庭の各教科，道徳，総合的な学習の時間，特別活動並びに自立活動によつて教育課程を編成するものとする。ただし，必要がある場合には，外国語科を加えて教育課程を編成することができる。

第128条　特別支援学校の高等部の教育課程は，別表第3及び別表第5に定める各教科に属する科目，総合的な学習の時間，特別活動並びに自立活動によつて編成するものとする。

②前項の規定にかかわらず，知的障害者である生徒を教育する場合は，国語，社会，数学，理科，音楽，美術，保健体育，職業，家庭，外国語，情報，家政，農業，工業，流通・サービス，及び福祉の各教科，第129条に規定する特別支援学校高等部学習指導要領で定めるこれら以外の教科，道徳，総合的

な学習の時間,特別活動並びに自立活動によつて教育課程を編成するものとする。

第129条　特別支援学校の教育課程については,この章に定めるもののほか,教育課程の基準として文部科学大臣が別に公示する特別支援学校幼稚部教育要領,特別支援学校小学部・中学部学習指導要領及び特別支援学校高等部学習指導要領によるものとする。

第136条　小学校若しくは中学校又は中等教育学校の前期課程における特別支援学級の一学級の児童又は生徒の数は,法令に特別の定めのある場合を除き,15人以下を標準とする。

第138条　小学校若しくは中学校又は中等教育学校の前期課程における特別支援学級に係る教育課程については,特に必要がある場合は,第50条第1項,第51条及び第52条の規定並びに第72条から第74条までの規定にかかわらず,特別の教育課程によることができる。

第139条　前条の規定により特別の教育課程による特別支援学級においては,文部科学大臣の検定を経た教科用図書を使用することが適当でない場合には,当該特別支援学級を置く学校の設置者の定めるところにより,他の適切な教科用図書を使用することができる。

第140条　小学校若しくは中学校又は中等教育学校の前期課程において,次の各号のいずれかに該当する児童又は生徒（特別支援学級の児童及び生徒を除く。）のうち当該障害に応じた特別の指導を行う必要があるものを教育する場合には,文部科学大臣が別に定めるところにより,第50条第1項,第51条及び第52条の規定並びに第72条から第74条までの規定にかかわらず,特別の教育課程によることができる。

一　言語障害者
二　自閉症者
三　情緒障害者
四　弱視者
五　難聴者
六　学習障害者
七　注意欠陥多動性障害者
八　その他障害のある者で,この条の規定により特別の教育課程による教育を行うことが適当なもの

第141条　前条の規定により特別の教育課程による場合においては,校長は,児童又は生徒が,当該小学校,中学校又は中等教育学校の設置者の定めるところにより他の小学校,中学校,中等教育学校の前期課程又は特別支援学校の小学部若しくは中学部において受けた授業を,当該小学校若しくは中学校又は中等教育学校の前期課程において受けた当該特別の教育課程に係る授業とみなすことができる。

別表第3 （第83条，第108条，第128条関係）

(1) 各学科に共通する各教科

各教科	各教科に属する科目
国語	国語総合，国語表現，現代文A，現代文B，古典A，古典B
地理歴史	世界史A，世界史B，日本史A，日本史B，地理A，地理B
公民	現代社会，倫理，政治・経済
数学	数学Ⅰ，数学Ⅱ，数学Ⅲ，数学A，数学B，数学活用
理科	科学と人間生活，物理基礎，物理，化学基礎，化学，生物基礎，生物，地学基礎，地学，理科課題研究
保健体育	体育，保健
芸術	音楽Ⅰ，音楽Ⅱ，音楽Ⅲ，美術Ⅰ，美術Ⅱ，美術Ⅲ，工芸Ⅰ，工芸Ⅱ，工芸Ⅲ，書道Ⅰ，書道Ⅱ，書道Ⅲ
外国語	コミュニケーション英語基礎，コミュニケーション英語Ⅰ，コミュニケーション英語Ⅱ，コミュニケーション英語Ⅲ，英語表現Ⅰ，英語表現Ⅱ，英語会話
家庭	家庭基礎，家庭総合，生活デザイン
情報	社会と情報，情報の科学

別表第3 （第83条，第108条，第128条関係）つづき

(2) 主として専門学科において開設される各教科

各教科	各教科に属する科目
農業	農業と環境，課題研究，総合実習，農業情報処理，作物，野菜，果樹，草花，畜産，農業経営，農業機械，食品製造，食品化学，微生物利用，植物バイオテクノロジー，動物バイオテクノロジー，農業経済，食品流通，森林科学，森林経営，林産物利用，農業土木設計，農業土木施工，水循環，造園計画，造園技術，環境緑化材料，測量，生物活用，グリーンライフ
工業	工業技術基礎，課題研究，実習，製図，工業数理基礎，情報技術基礎，材料技術基礎，生産システム技術，工業技術英語，工業管理技術，環境工学基礎，機械工作，機械設計，原動機，電子機械，電子機械応用，自動車工学，自動車整備，電気基礎，電気機器，電力技術，電子技術，電子回路，電子計測制御，通信技術，電子情報技術，プログラミング技術，ハードウェア技術，ソフトウェア技術，コンピュータシステム技術，建築構造，建築計画，建築構造設計，建築施工，建築法規，設備計画，空気調和設備，衛生・防災設備，測量，土木基礎力学，土木構造設計，土木施工，社会基盤工学，工業化学，化学工学，地球環境化学，材料製造技術，工業材料，材料加工，セラミック化学，セラミック技術，セラミック工業，繊維製品，繊維・染色技術，染織デザイン，インテリア計画，インテリア装備，インテリアエレメント生産，デザイン技術，デザイン材料，デザイン史
商業	ビジネス基礎，課題研究，総合実践，ビジネス実務，マーケティング，商品開発，広告と販売促進，ビジネス経済，ビジネス経済応用，経済活動と法，簿記，財務会計Ⅰ，財務会計Ⅱ，原価計算，管理会計，情報処理，ビジネス情報，電子商取引，プログラミング，ビジネス情報管理
水産	水産海洋基礎，課題研究，総合実習，海洋情報技術，水産海洋科学，漁業，航海・計器，船舶運用，船用機関，機械設計工作，電気理論，移動体通信工学，海洋通信技術，資源増殖，海洋生物，海洋環境，小型船舶，食品製造，食品管理，水産流通，ダイビング，マリンスポーツ
家庭	生活産業基礎，課題研究，生活産業情報，消費生活，子どもの発達と保育，子ども文化，生活と福祉，リビングデザイン，服飾文化，ファッション造形基礎，ファッション造形，ファッションデザイン，服飾手芸，フードデザイン，食文化，調理，栄養，食品，食品衛生，公衆衛生
看護	基礎看護，人体と看護，疾病と看護，生活と看護，成人看護，老年看護，精神看護，在宅看護，母性看護，小児看護，看護の統合と実践，看護臨地実習，看護情報活用
情報	情報産業と社会，課題研究，情報の表現と管理，情報と問題解決，情報テクノロジー，アルゴリズムとプログラム，ネットワークシステム，データベース，情報システム実習，情報メディア，情報デザイン，表現メディアの編集と表現，情報コンテンツ実習
福祉	社会福祉基礎，介護福祉基礎，コミュニケーション技術，生活支援技術，介護過程，介護総合演習，介護実習，こころとからだの理解，福祉情報活用
理数	理数数学Ⅰ，理数数学Ⅱ，理数数学特論，理数物理，理数化学，理数生物，理数地学，課題研究
体育	スポーツ概論，スポーツⅠ，スポーツⅡ，スポーツⅢ，スポーツⅣ，スポーツⅤ，スポーツⅥ，スポーツ総合演習
音楽	音楽理論，音楽史，演奏研究，ソルフェージュ，声楽，器楽，作曲，鑑賞研究
美術	美術概論，美術史，素描，構成，絵画，版画，彫刻，ビジュアルデザイン，クラフトデザイン，情報メディアデザイン，映像表現，環境造形，鑑賞研究
英語	総合英語，英語理解，英語表現，異文化理解，時事英語

備考
1 (1)及び(2)の表の上欄に掲げる各教科について，それぞれの表の下欄に掲げる各教科に属する科目以外の科目を設けることができる。
2 (1)及び(2)の表の上欄に掲げる各教科以外の教科及び当該教科に関する科目を設けることができる。

5　幼稚園教育要領—総則—
（2008〔平成20〕年3月28日）

第1章　総　則

第1　幼稚園教育の基本

　幼児期における教育は，生涯にわたる人格形成の基礎を培う重要なものであり，幼稚園教育は，学校教育法第22条に規定する目的を達成するため，幼児期の特性を踏まえ，環境を通して行うものであることを基本とする。

　このため，教師は幼児との信頼関係を十分に築き，幼児と共によりよい教育環境を創造するように努めるものとする。これらを踏まえ，次に示す事項を重視して教育を行わなければならない。

1　幼児は安定した情緒の下で自己を十分に発揮することにより発達に必要な体験を得ていくものであることを考慮して，幼児の主体的な活動を促し，幼児期にふさわしい生活が展開されるようにすること。

2　幼児の自発的な活動としての遊びは，心身の調和のとれた発達の基礎を培う重要な学習であることを考慮して，遊びを通しての指導を中心として第2章に示すねらいが総合的に達成されるようにすること。

3　幼児の発達は，心身の諸側面が相互に関連し合い，多様な経過をたどって成し遂げられていくものであること，また，幼児の生活経験がそれぞれ異なることなどを考慮して，幼児一人一人の特性に応じ，発達の課題に即した指導を行うようにすること。

　その際，教師は，幼児の主体的な活動が確保されるよう幼児一人一人の行動の理解と予想に基づき，計画的に環境を構成しなければならない。この場合において，教師は，幼児と人やものとのかかわりが重要であることを踏まえ，物的・空間的環境を構成しなければならない。また，教師は，幼児一人一人の活動の場面に応じて，様々な役割を果たし，その活動を豊かにしなければならない。

第2　教育課程の編成

　幼稚園は，家庭との連携を図りながら，この章の第1に示す幼稚園教育の基本に基づいて展開される幼稚園生活を通して，生きる力の基礎を育成するよう学校教育法第23条に規定する幼稚園教育の目標の達成に努めなければならない。幼稚園は，このことにより，義務教育及びその後の教育の基礎を培うものとする。

　これらを踏まえ，各幼稚園においては，教育基本法及び学校教育法その他の法令並びにこの幼稚園教育要領の示すところに従い，創意工夫を生かし，幼児の心身の発達と幼稚園及び地域の実態に即応した適切な教育課程を編成するものとする。

1　幼稚園生活の全体を通して第2章に示すねらいが総合的に達成されるよう，教育課程に係る教育期間や幼児の生活経験や発達の過程などを考慮して具体的なねらいと内容を組織しなければな

らないこと。この場合においては，特に，自我が芽生え，他者の存在を意識し，自己を抑制しようとする気持ちが生まれる幼児期の発達の特性を踏まえ，入園から修了に至るまでの長期的な視野をもって充実した生活が展開できるように配慮しなければならないこと。
2　幼稚園の毎学年の教育課程に係る教育週数は，特別の事情のある場合を除き，39週を下ってはならないこと。
3　幼稚園の1日の教育課程に係る教育時間は，4時間を標準とすること。ただし，幼児の心身の発達の程度や季節などに適切に配慮すること。
第3　教育課程に係る教育時間の終了後等に行う教育活動など
　幼稚園は，地域の実態や保護者の要請により教育課程に係る教育時間の終了後等に希望する者を対象に行う教育活動について，学校教育法第22条及び第23条並びにこの章の第1に示す幼稚園教育の基本を踏まえ実施すること。また，幼稚園の目的の達成に資するため，幼児の生活全体が豊かなものとなるよう家庭や地域における幼児期の教育の支援に努めること。

6　学習指導要領―小学校総則―

（2008〔平成20〕年3月28日）

第1章　総則
第1　教育課程編成の一般方針

1　各学校においては，教育基本法及び学校教育法その他の法令並びにこの章以下に示すところに従い，児童の人間として調和のとれた育成をめざし，地域や学校の実態及び児童の心身の発達の段階や特性を十分考慮して，適切な教育課程を編成するものとし，これらに掲げる目標を達成するよう教育を行うものとする。
　学校の教育活動を進めるに当たっては，各学校において，児童に生きる力をはぐくむことをめざし，創意工夫を生かした特色ある教育活動を展開する中で，基礎的・基本的な知識及び技能を確実に習得させ，これらを活用して課題を解決するために必要な思考力，判断力，表現力その他の能力をはぐくむとともに，主体的に学習に取り組む態度を養い，個性を生かす教育の充実に努めなければならない。その際，児童の発達の段階を考慮して，児童の言語活動を充実するとともに，家庭との連携を図りながら，児童の学習習慣が確立するよう配慮しなければならない。
2　学校における道徳教育は，道徳の時間を要として学校の教育活動全体を通じて行うものであり，道徳の時間はもとより，各教科，外国語活動，総合的な学習の時間及び特別活動のそれぞれの特質に応じて，児童の発達の段階を

考慮して，適切な指導を行わなければならない。

　道徳教育は，教育基本法及び学校教育法に定められた教育の根本精神に基づき，人間尊重の精神と生命に対する畏（い）敬の念を家庭，学校，その他社会における具体的な生活の中に生かし，豊かな心をもち，伝統と文化を尊重し，それらをはぐくんできた我が国と郷土を愛し，個性豊かな文化の創造を図るとともに，公共の精神を尊び，民主的な社会及び国家の発展に努め，他国を尊重し，国際社会の平和と発展や環境の保全に貢献し未来を拓（ひら）く主体性のある日本人を育成するため，その基盤としての道徳性を養うことを目標とする。

　道徳教育を進めるに当たっては，教師と児童及び児童相互の人間関係を深めるとともに，児童が自己の生き方についての考えを深め，家庭や地域社会との連携を図りながら，集団宿泊活動やボランティア活動，自然体験活動などの豊かな体験を通して児童の内面に根ざした道徳性の育成が図られるよう配慮しなければならない。その際，特に児童が基本的な生活習慣，社会生活上のきまりを身に付け，善悪を判断し，人間としてしてはならないことをしないようにすることなどに配慮しなければならない。

3　学校における体育・健康に関する指導は，児童の発達の段階を考慮して，学校の教育活動全体を通じて適切に行うものとする。特に，学校における食育の推進並びに体力の向上に関する指導，安全に関する指導及び心身の健康の保持増進に関する指導については，体育科の時間はもとより，家庭科，特別活動などにおいてもそれぞれの特質に応じて適切に行うよう努めることとする。また，それらの指導を通して，家庭や地域社会との連携を図りながら，日常生活において適切な体育・健康に関する活動の実践を促し，生涯を通じて健康・安全で活力ある生活を送るための基礎が培われるよう配慮しなければならない。

第2　内容等の取扱いに関する共通的事項

1　第2章以下に示す各教科，道徳，外国語活動及び特別活動の内容に関する事項は，特に示す場合を除き，いずれの学校においても取り扱わなければならない。

2　学校において特に必要がある場合には，第2章以下に示していない内容を加えて指導することができる。また，第2章以下に示す内容の取扱いのうち内容の範囲や程度等を示す事項は，すべての児童に対して指導するものとする内容の範囲や程度等を示したものであり，学校において特に必要がある場合には，この事項にかかわらず指導することができる。ただし，これらの場合には，第2章以下に示す各教科，道徳，外国語活動及び特別活動並びに各学年の目標や内容の趣旨を逸脱したり，児童の負担過重となったりすることのないようにしなければならない。

3　第2章以下に示す各教科，道徳，外

国語活動及び特別活動及び各学年の内容に掲げる事項の順序は，特に示す場合を除き，指導の順序を示すものではないので，学校においては，その取扱いについて適切な工夫を加えるものとする。

4　学年の目標及び内容を2学年まとめて示した教科及び外国語活動の内容は，2学年間かけて指導する事項を示したものである。各学校においては，これらの事項を地域や学校及び児童の実態に応じ，2学年間を見通して計画的に指導することとし，特に示す場合を除き，いずれかの学年に分けて，又はいずれの学年においても指導するものとする。

5　学校において2以上の学年の児童で編制する学級について特に必要がある場合には，各教科，道徳，外国語活動及び特別活動の目標の達成に支障のない範囲内で，各教科，道徳，外国語活動及び特別活動の目標及び内容について学年別の順序によらないことができる。

第3　授業時数等の取扱い

1　各教科，道徳，外国語活動，総合的な学習の時間及び特別活動（以下「各教科等」という。ただし，1及び3において，特別活動については学級活動（学校給食に係るものを除く。）に限る。）の授業は，年間35週（第1学年については34週）以上にわたって行うよう計画し，週当たりの授業時数が児童の負担過重にならないようにするものとする。ただし，各教科等や学習活動の特質に応じ効果的な場合には，夏季，冬季，学期末等の休業日の期間に授業日を設定する場合を含め，これらの授業を特定の期間に行うことができる。なお，給食，休憩などの時間については，学校において工夫を加え，適切に定めるものとする。

2　特別活動の授業のうち，児童会活動，クラブ活動及び学校行事については，それらの内容に応じ，年間，学期ごと，月ごとなどに適切な授業時数を充てるものとする。

3　各教科等のそれぞれの授業の1単位時間は，各学校において，各教科等の年間授業時数を確保しつつ，児童の発達の段階及び各教科等や学習活動の特質を考慮して適切に定めるものとする。

4　各学校においては，地域や学校及び児童の実態，各教科等や学習活動の特質等に応じて，創意工夫を生かし時間割を弾力的に編成することができる。

5　総合的な学習の時間における学習活動により，特別活動の学校行事に掲げる各行事の実施と同様の成果が期待できる場合においては，総合的な学習の時間における学習活動をもって相当する特別活動の学校行事に掲げる各行事の実施に替えることができる。

第4　指導計画の作成等に当たって配慮すべき事項

1　各学校においては，次の事項に配慮しながら，学校の創意工夫を生かし，全体として，調和のとれた具体的な指導計画を作成するものとする。

(1)各教科等及び各学年相互間の関連を図り，系統的，発展的な指導ができ

るようにすること。
(2) 学年の目標及び内容を2学年まとめて示した教科及び外国語活動については，当該学年間を見通して，地域や学校及び児童の実態に応じ，児童の発達の段階を考慮しつつ，効果的，段階的に指導するようにすること。
(3) 各教科の各学年の指導内容については，そのまとめ方や重点の置き方に適切な工夫を加え，効果的な指導ができるようにすること。
(4) 児童の実態等を考慮し，指導の効果を高めるため，合科的・関連的な指導を進めること。

2 以上のほか，次の事項に配慮するものとする。
(1) 各教科等の指導に当たっては，児童の思考力，判断力，表現力等をはぐくむ観点から，基礎的・基本的な知識及び技能の活用を図る学習活動を重視するとともに，言語に対する関心や理解を深め，言語に関する能力の育成を図る上で必要な言語環境を整え，児童の言語活動を充実すること。
(2) 各教科等の指導に当たっては，体験的な学習や基礎的・基本的な知識及び技能を活用した問題解決的な学習を重視するとともに，児童の興味・関心を生かし，自主的，自発的な学習が促されるよう工夫すること。
(3) 日ごろから学級経営の充実を図り，教師と児童の信頼関係及び児童相互の好ましい人間関係を育てるとともに児童理解を深め，生徒指導の充実を図ること。
(4) 各教科等の指導に当たっては，児童が学習の見通しを立てたり学習したことを振り返ったりする活動を計画的に取り入れるよう工夫すること。
(5) 各教科等の指導に当たっては，児童が学習課題や活動を選択したり，自らの将来について考えたりする機会を設けるなど工夫すること。
(6) 各教科等の指導に当たっては，児童が学習内容を確実に身に付けることができるよう，学校や児童の実態に応じ，個別指導やグループ別指導，繰り返し指導，学習内容の習熟の程度に応じた指導，児童の興味・関心等に応じた課題学習，補充的な学習や発展的な学習などの学習活動を取り入れた指導，教師間の協力的な指導など指導方法や指導体制を工夫改善し，個に応じた指導の充実を図ること。
(7) 障害のある児童などについては，特別支援学校等の助言又は援助を活用しつつ，例えば指導についての計画又は家庭や医療，福祉等の業務を行う関係機関と連携した支援のための計画を個別に作成することなどにより，個々の児童の障害の状態等に応じた指導内容や指導方法の工夫を計画的，組織的に行うこと。特に，特別支援学級又は通級による指導については，教師間の連携に努め，効果的な指導を行うこと。
(8) 海外から帰国した児童などについては，学校生活への適応を図るとともに，外国における生活経験を生かすなどの適切な指導を行うこと。

(9) 各教科等の指導に当たっては，児童がコンピュータや情報通信ネットワークなどの情報手段に慣れ親しみ，コンピュータで文字を入力するなどの基本的な操作や情報モラルを身に付け，適切に活用できるようにするための学習活動を充実するとともに，これらの情報手段に加え視聴覚教材や教育機器などの教材・教具の適切な活用を図ること。

(10) 学校図書館を計画的に利用しその機能の活用を図り，児童の主体的，意欲的な学習活動や読書活動を充実すること。

(11) 児童のよい点や進歩の状況などを積極的に評価するとともに，指導の過程や成果を評価し，指導の改善を行い学習意欲の向上に生かすようにすること。

(12) 学校がその目的を達成するため，地域や学校の実態等に応じ，家庭や地域の人々の協力を得るなど家庭や地域社会との連携を深めること。また，小学校間，幼稚園や保育所，中学校及び特別支援学校などとの間の連携や交流を図るとともに，障害のある幼児児童生徒との交流及び共同学習や高齢者などとの交流の機会を設けること。

7 学習指導要領―中学校総則―

(2008〔平成20〕年3月28日)

第1章 総 則
第1 教育課程編成の一般方針

1 各学校においては，教育基本法及び学校教育法その他の法令並びにこの章以下に示すところに従い，生徒の人間として調和のとれた育成をめざし，地域や学校の実態及び生徒の心身の発達の段階や特性を十分考慮して，適切な教育課程を編成するものとする。

　学校の教育活動を進めるに当たっては，各学校において，生徒に生きる力をはぐくむことをめざし，創意工夫を生かした特色ある教育活動を展開する中で，基礎的・基本的な知識及び技能を確実に習得させ，これらを活用して課題を解決するために必要な思考力，判断力，表現力その他の能力をはぐくむとともに，主体的に学習に取り組む態度を養い，個性を生かす教育の充実に努めなければならない。その際，生徒の発達の段階を考慮して，生徒の言語活動を充実するとともに，家庭との連携を図りながら，生徒の学習習慣が確立するよう配慮しなければならない。

2 学校における道徳教育は，道徳の時間を要として学校の教育活動全体を通じて行うものであり，道徳の時間はもとより，各教科，総合的な学習の時間

及び特別活動のそれぞれの特質に応じて，生徒の発達の段階を考慮して，適切な指導を行わなければならない。

　道徳教育は，教育基本法及び学校教育法に定められた教育の根本精神に基づき，人間尊重の精神と生命に対する畏敬(いけい)の念を家庭，学校，その他社会における具体的な生活の中に生かし，豊かな心をもち，伝統と文化を継承し，発展させ，個性豊かな文化の創造を図るとともに，公共の精神を尊び，民主的な社会及び国家の発展に努め，進んで平和的な国際社会に貢献し未来を拓(ひら)く主体性のある日本人を育成するため，その基盤としての道徳性を養うことを目標とする。

　道徳教育を進めるに当たっては，教師と生徒及び生徒相互の人間関係を深めるとともに，生徒が道徳的価値に基づいた人間としての生き方についての自覚を深め，家庭や地域社会との連携を図りながら，職場体験活動やボランティア活動，自然体験活動などの豊かな体験を通して生徒の内面に根ざした道徳性の育成が図られるよう配慮しなければならない。その際，特に生徒が自他の生命を尊重し，規律ある生活ができ，自分の将来を考え，法やきまりの意義の理解を深め，主体的に社会の形成に参画し，国際社会に生きる日本人としての自覚を身に付けるようにすることなどに配慮しなければならない。

3　学校における体育・健康に関する指導は，生徒の発達の段階を考慮して，学校の教育活動全体を通じて適切に行うものとする。特に，体力の向上に関する指導及び安全に関する指導並びに食育その他の心身の健康の保持増進に関する指導については，保健体育科の時間はもとより，特別活動などにおいてもそれぞれの特質に応じて適切に行うよう努めることとする。また，それらの指導を通して，家庭や地域社会との連携を図りながら，日常生活において適切な体育・健康に関する活動の実践を促し，生涯を通じて健康・安全で活力ある生活を送るための基礎が培われるよう配慮しなければならない。

第2　内容等の取扱いに関する共通的事項

1　第2章以下に示す各教科，道徳及び特別活動の内容に関する事項は，特に示す場合を除き，いずれの学校においても取り扱わなければならない。

2　学校において特に必要がある場合には，第2章以下に示していない内容を加えて指導することができる。また，第2章以下に示す内容の取扱いのうち内容の範囲や程度等を示す事項は，すべての生徒に対して指導するものとする内容の範囲や程度等を示したものであり，学校において特に必要がある場合には，この事項にかかわらず指導することができる。ただし，これらの場合には，第2章以下に示す各教科，道徳，特別活動及び各学年，各分野又は各言語の目標や内容の趣旨を逸脱したり，生徒の負担過重となったりすることのないようにしなければならない。

3　第2章以下に示す各教科，道徳，特別活動及び各学年，各分野又は各言語

の内容に掲げる事項の順序は，特に示す場合を除き，指導の順序を示すものではないので，学校においては，その取扱いについて適切な工夫を加えるものとする。
4 学校において2以上の学年の生徒で編制する学級について特に必要がある場合には，各教科の目標の達成に支障のない範囲内で，各教科の目標及び内容について学年別の順序によらないことができる。
5 各学校においては，選択教科を開設し，生徒に履修させることができる。その場合にあっては，地域や学校，生徒の実態を考慮し，すべての生徒に指導すべき内容との関連を図りつつ，選択教科の授業時数及び内容を適切に定め選択教科の指導計画を作成するものとする。
6 選択教科の内容については，課題学習，補充的な学習や発展的な学習など，生徒の特性等に応じた多様な学習活動が行えるよう各学校において適切に定めるものとする。その際，生徒の負担過重となることのないようにしなければならない。
7 各学校においては，第2章に示す各教科のほか，地域や学校，生徒の実態を考慮して，特に必要がある場合には，その他特に必要な教科を選択教科として設けることができる。その他特に必要な教科の名称，目標，内容などについては，各学校が適切に定めるものとする。

第3 授業時数等の取扱い
1 各教科，道徳，総合的な学習の時間及び特別活動（以下「各教科等」という。ただし，1及び3において，特別活動については学級活動（学校給食に係るものを除く。）に限る。）の授業は，年間35週以上にわたって行うよう計画し，週当たりの授業時数が生徒の負担過重にならないようにするものとする。ただし，各教科等（特別活動を除く。）や学習活動の特質に応じ効果的な場合には，学期の内外を問わず，これらの授業を特定の期間に行うことができる。なお，給食，休憩などの時間については，学校において工夫を加え，適切に定めるものとする。
2 特別活動の授業のうち，生徒会活動及び学校行事については，それらの内容に応じ，年間，学期ごと，月ごとなどに適切な授業時数を充てるものとする。
3 各教科等のそれぞれの授業の1単位時間は，各学校において，各教科等の年間授業時数を確保しつつ，生徒の発達の段階及び各教科等や学習活動の特質を考慮して適切に定めるものとする。なお，10分間程度の短い時間を単位として特定の教科の指導を行う場合において，当該教科を担当する教師がその指導内容の決定や指導の成果の把握と活用等を責任をもって行う体制が整備されているときは，その時間を当該教科の年間授業時数に含めることができる。
4 各学校においては，地域や学校及び

生徒の実態，各教科等や学習活動の特質等に応じて，創意工夫を生かし時間割を弾力的に編成できることができる。
5　総合的な学習の時間における学習活動により，特別活動の学校行事に掲げる各行事の実施と同様の成果が期待できる場合においては，総合的な学習の時間における学習活動をもって相当する特別活動の学校行事に掲げる各行事の実施に替えることができる。

第4　指導計画の作成等に当たって配慮すべき事項

1　各学校においては，次の事項に配慮しながら，学校の創意工夫を生かし，全体として，調和のとれた具体的な指導計画を作成するものとする。
 (1)各教科等及び各学年相互間の関連を図り，系統的，発展的な指導ができるようにすること。
 (2)各教科の各学年，各分野又は各言語の指導内容については，そのまとめ方や重点の置き方に適切な工夫を加えるなど，効果的な指導ができるようにすること。

2　以上のほか，次の事項に配慮するものとする。
 (1)各教科等の指導に当たっては，生徒の思考力，判断力，表現力等をはぐくむ観点から，基礎的・基本的な知識及び技能の活用を図る学習活動を重視するとともに，言語に対する関心や理解を深め，言語に関する能力の育成を図る上で必要な言語環境を整え，生徒の言語活動を充実すること。
 (2)各教科等の指導に当たっては，体験的な学習や基礎的・基本的な知識及び技能を活用した問題解決的な学習を重視するとともに，生徒の興味・関心を生かし，自主的，自発的な学習が促されるよう工夫すること。
 (3)教師と生徒の信頼関係及び生徒相互の好ましい人間関係を育てるとともに生徒理解を深め，生徒が自主的に判断，行動し積極的に自己を生かしていくことができるよう，生徒指導の充実を図ること。
 (4)生徒が自らの生き方を考え主体的に進路を選択することができるよう，学校の教育活動全体を通じ，計画的，組織的な進路指導を行うこと。
 (5)生徒が学校や学級での生活によりよく適応するとともに，現在及び将来の生き方を考え行動する態度や能力を育成することができるよう，学校の教育活動全体を通じ，ガイダンスの機能の充実を図ること。
 (6)各教科等の指導に当たっては，生徒が学習の見通しを立てたり学習したことを振り返ったりする活動を計画的に取り入れるようにすること。
 (7)各教科等の指導に当たっては，生徒が学習内容を確実に身に付けることができるよう，学校や生徒の実態に応じ，個別指導やグループ別指導，繰り返し指導，学習内容の習熟の程度に応じた指導，生徒の興味・関心等に応じた課題学習，補充的な学習や発展的な学習などの学習活動を取り入れた指導，教師間の協力的な指

導など指導方法や指導体制を工夫改善し，個に応じた指導の充実を図ること。
(8) 障害のある生徒などについては，特別支援学校等の助言又は援助を活用しつつ，例えば指導についての計画又は家庭や医療，福祉等の業務を行う関係機関と連携した支援のための計画を個別に作成することなどにより，個々の生徒の障害の状態等に応じた指導内容や指導方法の工夫を計画的，組織的に行うこと。特に，特別支援学級又は通級による指導については，教師間の連携に努め，効果的な指導を行うこと。
(9) 海外から帰国した生徒などについては，学校生活への適応を図るとともに，外国における生活経験を生かすなどの適切な指導を行うこと。
(10) 各教科等の指導に当たっては，生徒が情報モラルを身に付け，生徒がコンピュータや情報通信ネットワークなどの情報手段を適切かつ主体的，積極的に活用できるようにするための学習活動を充実するとともに，これらの情報手段に加え視聴覚教材や教育機器などの教材・教具の適切な活用を図ること。
(11) 学校図書館を計画的に利用しその機能の活用を図り，生徒の主体的，意欲的な学習活動や読書活動を充実すること。
(12) 生徒のよい点や進歩の状況などを積極的に評価するとともに，指導の過程や成果を評価し，指導の改善を行い学習意欲の向上に生かすようにすること。
(13) 生徒の自主的，自発的な参加により行われる部活動については，スポーツや文化及び科学等に親しませ，学習意欲の向上や責任感，連帯感の涵養等に資するものであり，学校教育の一環として，教育課程との関連が図られるよう留意すること。その際，地域や学校の実態に応じ，地域の人々の協力，社会教育施設や社会教育団体等の各種団体との連携などの運営上の工夫を行うようにすること。
(14) 学校がその目的を達成するため，地域や学校の実態等に応じ，家庭や地域の人々の協力を得るなど家庭や地域社会との連携を深めること。また，中学校間や小学校，高等学校，特別支援学校などとの間の連携や交流を図るとともに，障害のある幼児児童生徒との交流及び共同学習や高齢者などとの交流の機会を設けること。

8　学習指導要領―高等学校総則―（抄）

（2009〔平成21〕年3月9日）

第1章　総　則
第1款　教育課程編成の一般方針

1　各学校においては，教育基本法及び学校教育法その他の法令並びにこの章以下に示すところに従い，生徒の人間として調和のとれた育成をめざし，地域や学校の実態，課程や学科の特色，生徒の心身の発達の段階及び特性等を十分考慮して，適切な教育課程を編成するものとし，これらに掲げる目標を達成するよう教育を行うものとする。

　学校の教育活動を進めるに当たっては，各学校において，生徒に生きる力をはぐくむことをめざし，創意工夫を生かした特色ある教育活動を展開する中で，基礎的・基本的な知識及び技能を確実に習得させ，これらを活用して課題を解決するために必要な思考力，判断力，表現力その他の能力をはぐくむとともに，主体的に学習に取り組む態度を養い，個性を生かす教育の充実に努めなければならない。その際，生徒の発達の段階を考慮して，生徒の言語活動を充実するとともに，家庭との連携を図りながら，生徒の学習習慣が確立するよう配慮しなければならない。

2　学校における道徳教育は，生徒が自己探求と自己実現に努め国家・社会の一員としての自覚に基づき行為しうる発達の段階にあることを考慮し人間としての在り方生き方に関する教育を学校の教育活動全体を通じて行うことにより，その充実を図るものとし，各教科に属する科目，総合的な学習の時間及び特別活動のそれぞれの特質に応じて，適切な指導を行わなければならない。

　道徳教育は，教育基本法及び学校教育法に定められた教育の根本精神に基づき，人間尊重の精神と生命に対する畏（い）敬の念を家庭，学校その他社会における具体的な生活の中に生かし，豊かな心をもち，伝統と文化を尊重し，それらをはぐくんできた我が国と郷土を愛し，個性豊かな文化の創造を図るとともに，公共の精神を尊び，民主的な社会及び国家の発展に努め，他国を尊重し，国際社会の平和や発展や環境の保全に貢献し未来を拓（ひら）く主体性のある日本人を育成するため，その基盤としての道徳性を養うことを目標とする。

　道徳教育を進めるに当たっては，特に，道徳的実践力を高めるとともに，自他の生命を尊重する精神，自律の精神及び社会連帯の精神並びに義務を果たし責任を重んずる態度及び人権を尊重し差別のないよりよい社会を実現しようとする態度を養うための指導が適切に行われるよう配慮しなければならない。

3　学校における体育・健康に関する指

導は，生徒の発達の段階を考慮して，学校の教育活動全体を通じて適切に行うものとする。特に，学校における食育の推進並びに体力の向上に関する指導，安全に関する指導及び心身の健康の保持増進に関する指導については，保健体育科はもとより，家庭科，特別活動などにおいてもそれぞれの特質に応じて適切に行うよう努めることとする。また，それらの指導を通して，家庭や地域社会との連携を図りながら，日常生活において適切な体育・健康に関する活動の実践を促し，生涯を通じて健康・安全で活力ある生活を送るための基礎が培われるよう配慮しなければならない。

4 学校においては，地域や学校の実態等に応じて，就業やボランティアにかかわる体験的な学習の指導を適切に行うようにし，勤労の尊さや創造することの喜びを体得させ，望ましい勤労観，職業観の育成や社会奉仕の精神の涵養に資するものとする。

第4款 各教科・科目，総合的な学習の時間及び特別活動の授業時数等

1 全日制の課程における各教科・科目及びホームルーム活動の授業は，年間35週行うことを標準とし，必要がある場合には，各教科・科目の授業を特定の学期又は特定の期間（夏季，冬季，学年末等の休業日の期間に授業日を設定する場合を含む。）に行うことができる。

2 全日制の課程における週当たりの授業時数は，30単位時間を標準とする。ただし，必要がある場合には，これを増加することができる。

3 定時制の課程における授業日数の季節的配分又は週若しくは1日当たりの授業時数については，生徒の勤労状況と地域の諸事情等を考慮して，適切に定めるものとする。

4 ホームルーム活動の授業時数については，原則として，年間35単位時間以上とするものとする。

5 生徒会活動及び学校行事については，学校の実態に応じて，それぞれ適切な授業時数を充てるものとする。

6 定時制の課程において，特別の事情がある場合には，ホームルーム活動の授業時数の一部を減じ，又はホームルーム活動及び生徒会活動の内容の一部を行わないものとすることができる。

7 各教科・科目，総合的な学習の時間及び特別活動（以下「各教科・科目等」という。）のそれぞれの授業の1単位時間は，各学校において，各教科・科目等の授業時数を確保しつつ，生徒の実態及び各教科・科目等の特質を考慮して適切に定めるものとする。なお，10分間程度の短い時間を単位として特定の各教科・科目の指導を行う場合において，当該各教科・科目を担当する教師がその指導内容の決定や指導の成果の把握と活用等を責任をもって行う体制が整備されているときは，その時間を当該各教科・科目の授業時数に含めることができる。

8 総合的な学習の時間における学習活動により，特別活動の学校行事に掲げ

る各行事の実施と同様の成果が期待できる場合においては，総合的な学習の時間における学習活動をもって相当する特別活動の学校行事に掲げる各行事の実施に替えることができる。

第5款　教育課程の編成・実施に当たって配慮すべき事項

1　選択履修の趣旨を生かした適切な教育課程編成

　　教育課程の編成に当たっては，生徒の特性，進路等に応じた適切な各教科・科目の履修ができるようにし，このため，多様な各教科・科目を設け生徒が自由に選択履修することのできるよう配慮するものとする。また，教育課程の類型を設け，そのいずれかの類型を選択して履修させる場合においても，その類型において履修させることになっている各教科・科目以外の各教科・科目を履修させたり，生徒が自由に選択履修することのできる各教科・科目を設けたりするものとする。

2　各教科・科目等の内容等の取扱い

(1)学校においては，第2章以下に示していない事項を加えて指導することができる。また，第2章以下に示す内容の取扱いのうち内容の範囲や程度等を示す事項は，当該科目を履修するすべての生徒に対して指導するものとする内容の範囲や程度等を示したものであり，学校において必要がある場合には，この事項にかかわらず指導することができる。ただし，これらの場合には，第2章以下に示す教科，科目及び特別活動の目標や内容の趣旨を逸脱したり，生徒の負担過重になったりすることのないようにするものとする。

(2)第2章以下に示す各教科・科目及び特別活動の内容に掲げる事項の順序は，特に示す場合を除き，指導の順序を示すものではないので，学校においては，その取扱いについて適切な工夫を加えるものとする。

(3)学校においては，あらかじめ計画して，各教科・科目の内容及び総合的な学習の時間における学習活動を学期の区分に応じて単位ごとに分割して指導することができる。

(4)学校においては，特に必要がある場合には，第2章及び第3章に示す教科及び科目の目標の趣旨を損なわない範囲内で，各教科・科目の内容に関する事項について，基礎的・基本的な事項に重点を置くなどその内容を適切に選択して指導することができる。

3　指導計画の作成に当たって配慮すべき事項

　　各学校においては，次の事項に配慮しながら，学校の創意工夫を生かし，全体として，調和のとれた具体的な指導計画を作成するものとする。

(1)各教科・科目等について相互の関連を図り，発展的，系統的な指導ができるようにすること。

(2)各教科・科目の指導内容については，各事項のまとめ方及び重点の置き方に適切な工夫を加えて，効果的な指導ができるようにすること。

(3) 学校や生徒の実態等に応じ，必要がある場合には，例えば次のような工夫を行い，義務教育段階での学習内容の確実な定着を図るようにすること。

　ア　各教科・科目の指導に当たり，義務教育段階での学習内容の確実な定着を図るための学習機会を設けること。

　イ　義務教育段階での学習内容の確実な定着を図りながら，必履修教科・科目の内容を十分に習得させることができるよう，その単位数を標準単位数の標準の限度を超えて増加して配当すること。

　ウ　義務教育段階での学習内容の確実な定着を図ることを目標とした学校設定科目等を履修させた後に，必履修教科・科目を履修させるようにすること。

(4) 全教師が協力して道徳教育を展開するため，第1款の2に示す道徳教育の目標を踏まえ，指導の方針や重点を明確にして，学校の教育活動全体を通じて行う道徳教育について，その全体計画を作成すること。

4　職業教育に関して配慮すべき事項

(1) 普通科においては，地域や学校の実態，生徒の特性，進路等を考慮し，必要に応じて，適切な職業に関する各教科・科目の履修の機会の確保について配慮するものとする。

(2) 職業教育を主とする専門学科においては，次の事項に配慮するものとする。

　ア　職業に関する各教科・科目については，実験・実習に配当する授業時数を十分確保するようにすること。

　イ　生徒の実態を考慮し，職業に関する各教科・科目の履修を容易にするため特別な配慮が必要な場合には，各分野における基礎的又は中核的な科目を重点的に選択し，その内容については基礎的・基本的な事項が確実に身に付くように取り扱い，また，主として実験・実習によって指導するなどの工夫をこらすようにすること。

(3) 学校においては，キャリア教育を推進するために，地域や学校の実態，生徒の特性，進路等を考慮し，地域や産業界等との連携を図り，産業現場等における長期間の実習を取り入れるなどの就業体験の機会を積極的に設けるとともに，地域や産業界等の人々の協力を積極的に得るよう配慮するものとする。

(4) 職業に関する各教科・科目については，次の事項に配慮するものとする。

　ア　職業に関する各教科・科目については，就業体験をもって実習に替えることができること。この場合，就業体験は，その各教科・科目の内容に直接関係があり，かつ，その一部としてあらかじめ計画されるものであることを要すること。

　イ　農業，水産及び家庭に関する各教科・科目の指導に当たっては，ホームプロジェクト並びに学校家

庭クラブ及び学校農業クラブなどの活動を活用して,学習の効果を上げるよう留意すること。この場合,ホームプロジェクトについては,その各教科・科目の授業時数の10分の2以内をこれに充てることができること。
　　ウ　定時制及び通信制の課程において,職業に関する各教科・科目を履修する生徒が,現にその各教科・科目と密接な関係を有する職業（家事を含む。）に従事している場合で,その職業における実務等が,その各教科・科目の一部を履修した場合と同様の成果があると認められるときは,その実務等をもってその各教科・科目の履修の一部に替えることができること。
5　教育課程の実施等に当たって配慮すべき事項
　　以上のほか,次の事項について配慮するものとする。
(1)各教科・科目等の指導に当たっては,生徒の思考力,判断力,表現力等をはぐくむ観点から,基礎的・基本的な知識及び技能の活用を図る学習活動を重視するとともに,言語に対する関心や理解を深め,言語に関する能力の育成を図る上で必要な言語環境を整え,生徒の言語活動を充実すること。
(2)学校の教育活動全体を通じて,個々の生徒の特性等の的確な把握に努め,その伸長を図ること。また,生徒が適切な各教科・科目や類型を選択し学校やホームルームでの生活によりよく適応するとともに,現在及び将来の生き方を考え行動する態度や能力を育成することができるよう,ガイダンスの機能の充実を図ること。
(3)教師と生徒の信頼関係及び生徒相互の好ましい人間関係を育てるとともに生徒理解を深め,生徒が主体的に判断,行動し積極的に自己を生かしていくことができるよう,生徒指導の充実を図ること。
(4)生徒が自己の在り方生き方を考え,主体的に進路を選択することができるよう,学校の教育活動全体を通じ,計画的,組織的な進路指導を行い,キャリア教育を推進すること。
(5)各教科・科目等の指導に当たっては,生徒が学習の見通しを立てたり学習したことを振り返ったりする活動を計画的に取り入れるようにすること。
(6)各教科・科目等の指導に当たっては,教師間の連携協力を密にするなど指導体制を確立するとともに,学校や生徒の実態に応じ,個別指導やグループ別指導,繰り返し指導,教師間の協力的な指導,生徒の学習内容の習熟の程度等に応じた弾力的な学級の編成など指導方法や指導体制を工夫改善し,個に応じた指導の充実を図ること。
(7)学習の遅れがちな生徒などについては,各教科・科目等の選択,その内容の取扱いなどについて必要な配慮を行い,生徒の実態に応じ,例えば義務教育段階の学習内容の確実な定

着を図るための指導を適宜取り入れるなど，指導内容や指導方法を工夫すること。
(8)障害のある生徒などについては，各教科・科目等の選択，その内容の取扱いなどについて必要な配慮を行うとともに，特別支援学校等の助言又は援助を活用しつつ，例えば指導についての計画又は家庭や医療，福祉，労働等の業務を行う関係機関と連携した支援のための計画を個別に作成することなどにより，個々の生徒の障害の状態等に応じた指導内容や指導方法の工夫を計画的，組織的に行うこと。
(9)海外から帰国した生徒などについては，学校生活への適応を図るとともに，外国における生活経験を生かすなど適切な指導を行うこと。
(10)各教科・科目等の指導に当たっては，生徒が情報モラルを身に付け，コンピュータや情報通信ネットワークなどの情報手段を適切かつ実践的，主体的に活用できるようにするための学習活動を充実するとともに，これらの情報手段に加え視聴覚教材や教育機器などの教材・教具の適切な活用を図ること。
(11)学校図書館を計画的に利用しその機能の活用を図り，生徒の主体的，意欲的な学習活動や読書活動を充実すること。
(12)生徒のよい点や進歩の状況などを積極的に評価するとともに，指導の過程や成果を評価し，指導の改善を行い学習意欲の向上に生かすようにすること。
(13)生徒の自主的，自発的な参加により行われる部活動については，スポーツや文化及び科学等に親しませ，学習意欲の向上や責任感，連帯感の涵養等に資するものであり，学校教育の一環(いっかん)として，教育課程との関連が図られるよう留意すること。その際，地域や学校の実態に応じ，地域の人々の協力，社会教育施設や社会教育関係団体等の各種団体との連携などの運営上の工夫を行うようにすること。
(14)学校がその目的を達成するため，地域や学校の実態等に応じ，家庭や地域の人々の協力を得るなど家庭や地域社会との連携を深めること。また，高等学校間や中学校，特別支援学校及び大学などとの間の連携や交流を図るとともに，障害のある幼児児童生徒などとの交流及び共同学習や高齢者などとの交流の機会を設けること。

第６款　単位の修得及び卒業の認定

1　各教科・科目及び総合的な学習の時間の単位の修得の認定
(1)学校においては，生徒が学校の定める指導計画に従って各教科・科目を履修し，その成果が教科及び科目の目標からみて満足できると認められる場合には，その各教科・科目について履修した単位を修得したことを認定しなければならない。
(2)学校においては，生徒が学校の定める指導計画に従って総合的な学習の時間を履修し，その成果が第４章に

定める目標からみて満足できると認められる場合には，総合的な学習の時間について履修した単位を修得したことを認定しなければならない。
(3) 学校においては，生徒が1科目又は総合的な学習の時間を2以上の年次にわたって分割履修したときは，各年次ごとにその各教科・科目又は総合的な学習の時間について履修した単位を修得したことを認定することを原則とする。また，単位の修得の認定を学期の区分ごとに行うことができる。
2 卒業までに修得させる単位数
　学校においては，卒業までに修得させる単位数を定め，校長は，当該単位数を修得した者で，特別活動の成果がその目標からみて満足できると認められるものについて，高等学校の全課程の修了を認定するものとする。この場合，卒業までに修得させる単位数は，74単位以上とする。なお，普通科においては，卒業までに修得させる単位数に含めることができる学校設定科目及び学校設定教科に関する科目に係る修得単位数は，合わせて20単位を超えることができない。
3 各学年の課程の修了の認定
　学校においては，各学年の課程の修了の認定については，単位制が併用されていることを踏まえ，弾力的に行うよう配慮するものとする。
第7款　通信制の課程における教育課程の特例
　通信制の課程における教育課程については，第1款から第6款まで（第4款，第5款の1並びに第5款の4の（4）のア及びイを除く。）に定めるところによるほか，次に定めるところによる。
1 各教科・科目の添削指導の回数及び面接指導の単位時間（1単位時間は，50分として計算するものとする。以下同じ。）数の標準は，1単位につき次の表のとおりとするほか，学校設定教科に関する科目のうち専門教科・科目以外のものについては，各学校が定めるものとする。

各教科・科目	添削指導（回）	面接指導（単位時間）
国語，地理歴史，公民及び数学に属する科目	3	1
理科に属する科目	3	4
保健体育に属する科目のうち「体育」	1	5
保健体育に属する科目のうち「保健」	3	1
芸術及び外国語に属する科目	3	4
家庭及び情報に属する科目並びに専門教科	各教科・科目の必要に応じて2～3	各教科・科目の必要に応じて2～8

2 総合的な学習の時間の添削指導の回数及び面接指導の単位時間数については，各学校において，学習活動に応じ適切に定めるものとする。
3 面接指導の授業の1単位時間は，各学校において，各教科・科目の面接指導の単位時間数を確保しつつ，生徒の実態及び各教科・科目等の特質を考慮して適切に定めるものとする。
4 学校が，その指導計画に，各教科・

科目又は特別活動について計画的かつ継続的に行われるラジオ放送，テレビ放送その他の多様なメディアを利用して行う学習を取り入れた場合で，生徒がこれらの方法により学習し，報告課題の作成等により，その成果が満足できると認められるときは，その生徒について，その各教科・科目の面接指導の時間数又は特別活動の時間数のうち，各メディアごとにそれぞれ10分の6以内の時間数を免除することができる。ただし，免除する時間数は，合わせて10分の8を超えることができない。
5 特別活動については，ホームルーム活動を含めて，各々の生徒の卒業までに30単位時間以上指導するものとする。なお，特別の事情がある場合には，ホームルーム活動及び生徒会活動の内容の一部を行わないものとすることができる

9　特別支援学校幼稚部教育要領―総則―

(2009〔平成21〕年3月　告示)

第1章　総則
第1　幼稚部における教育の基本

　幼児期における教育は，生涯にわたる人格形成の基礎を培う重要なものであり，幼稚部における教育は，学校教育法第72条に規定する目的を達成するため，幼児期の特性を踏まえ，環境を通して行うものであることを基本とする。
　このため，教師は幼児との信頼関係を十分に築き，幼児と共によりよい教育環境を創造するように努めるものとする。これらを踏まえ，次に示す事項を重視して教育を行わなければならない。

1　幼児は安定した情緒の下で自己を十分に発揮することにより発達に必要な体験を得ていくものであることを考慮して，幼児の主体的な活動を促し，幼児期にふさわしい生活が展開されるようにすること。
2　幼児の自発的な活動としての遊びは，心身の調和のとれた発達の基礎を培う重要な学習であることを考慮して，遊びを通しての指導を中心として第2章に示すねらいが総合的に達成されるようにすること。
3　幼児の発達は，心身の諸側面が相互に関連し合い，多様な経過をたどって成し遂げられていくものであること，また，幼児の生活経験がそれぞれ異なることなどを考慮して，幼児一人一人の特性に応じ，発達の課題に即した指導を行うようにすること。

　その際，教師は，幼児の主体的な活動が確保されるよう幼児一人一人の行動の理解と予想に基づき，計画的に環境を構成しなければならない。この場合において，教師は，幼児と人やものとのかかわりが重要であることを踏まえ，物的・空間的環境を構

成しなければならない。また，教師は，幼児一人一人の活動の場面に応じて，様々な役割を果たし，その活動を豊かにしなければならない。

第2　幼稚部における教育の目標

　幼稚部では，家庭との連携を図りながら，幼児の障害の状態や発達の程度を考慮し，この章の第1に示す幼稚部における教育の基本に基づいて展開される学校生活を通して，生きる力の基礎を育成するよう次の目標の達成に努めなければならない。

1　学校教育法第23条に規定する幼稚園教育の目標

2　障害による学習上又は生活上の困難を改善・克服し自立を図るために必要な態度や習慣などを育て，心身の調和的発達の基盤を培うようにすること。

第3　教育課程の編成

　幼稚部では，この章の第2に示す幼稚部における教育の目標の達成に努めることにより，義務教育及びその後の教育の基礎を培うものとする。このことを踏まえ，各学校においては，教育基本法及び学校教育法その他の法令並びにこの特別支援学校幼稚部教育要領の示すところに従い，創意工夫を生かし，幼児の障害の状態や発達の程度及び学校や地域の実態に即応した適切な教育課程を編成するものとする。

1　幼稚部における生活の全体を通して第2章に示すねらいが総合的に達成されるよう，教育課程に係る教育期間や幼児の生活経験や発達の過程などを考慮して具体的なねらいと内容を組織しなければならないこと。この場合においては，特に，自我が芽生え，他者の存在を意識し，自己を抑制しようとする気持ちが生まれる幼児期の発達の特性を踏まえ，入学から幼稚部修了に至るまでの長期的な視野をもって充実した生活が展開できるように配慮しなければならないこと。

2　幼稚部の毎学年の教育課程に係る教育週数は，39週を標準とし，幼児の障害の状態等を考慮して適切に定めること。

3　幼稚部の1日の教育課程に係る教育時間は，4時間を標準とすること。ただし，幼児の障害の状態や発達の程度，季節等に適切に配慮すること。

10　特別支援学校小学部・中学部学習指導要領—総則—
（2009〔平成21〕年3月　告示）

第1章　総　則

第1節　教育目標

　小学部及び中学部における教育については，学校教育法第72条に定める目的を実現するために，児童及び生徒の障害の状態及び特性等を十分考慮して，次に掲げる目標の達成に努めなければならない。

1　小学部においては，学校教育法第30

条第1項に規定する小学校教育の目標
2 中学部においては，学校教育法第46条に規定する中学校教育の目標
3 小学部及び中学部を通じ，児童及び生徒の障害による学習上又は生活上の困難を改善・克服し自立を図るために必要な知識，技能，態度及び習慣を養うこと。

第2節 教育課程の編成
第1 一般方針
1 各学校においては，教育基本法及び学校教育法その他の法令並びにこの章以下に示すところに従い，児童又は生徒の人間として調和のとれた育成をめざし，その障害の状態及び発達の段階や特性等並びに地域や学校の実態を十分考慮して，適切な教育課程を編成するものとし，これらに掲げる目標を達成するよう教育を行うものとする。

学校の教育活動を進めるに当たっては，各学校において，児童又は生徒に生きる力をはぐくむことをめざし，創意工夫を生かした特色ある教育活動を展開する中で，基礎的・基本的な知識及び技能を確実に習得させ，これらを活用して課題を解決するために必要な思考力，判断力，表現力その他の能力をはぐくむとともに，主体的に学習に取り組む態度を養い，個性を生かす教育の充実に努めなければならない。その際，児童又は生徒の発達の段階を考慮して，児童又は生徒の言語活動を充実するとともに，家庭との連携を図りながら，児童又は生徒の学習習慣が確立するよう配慮しなければならない。

2 学校における道徳教育は，道徳の時間を要として学校の教育活動全体を通じて行うものであり，道徳の時間はもとより，各教科，外国語活動，総合的な学習の時間，特別活動及び自立活動のそれぞれの特質に応じて，児童又は生徒の発達の段階を考慮して，適切な指導を行わなければならない。

道徳教育は，教育基本法及び学校教育法に定められた教育の根本精神に基づき，人間尊重の精神と生命に対する畏敬の念を家庭，学校，その他社会における具体的な生活の中に生かし，豊かな心をもち，伝統と文化を尊重し，それらをはぐくんできた我が国と郷土を愛し，個性豊かな文化の創造を図るとともに，公共の精神を尊び，民主的な社会及び国家の発展に努め，他国を尊重し，国際社会の平和と発展や環境の保全に貢献し未来を拓く主体性のある日本人を育成するため，その基盤としての道徳性を養うことを目標とする。

小学部において道徳教育を進めるに当たっては，教師と児童及び児童相互の人間関係を深めるとともに，児童が自己の生き方についての考えを深め，家庭や地域社会との連携を図りながら，集団宿泊活動やボランティア活動，自然体験活動などの豊かな体験を通して児童の内面に根ざした道徳性の育成が図られるよう配慮しなければならない。その際，特に児童が基本的な生活習慣，社会生活上のきまりを身に付け，善悪を判断し，人間としてしてはならないことをしないようにすることなどに配

慮しなければならない。

　中学部において道徳教育を進めるに当たっては，教師と生徒及び生徒相互の人間関係を深めるとともに，生徒が道徳的価値に基づいた人間としての生き方についての自覚を深め，家庭や地域社会との連携を図りながら，職場体験活動やボランティア活動，自然体験活動などの豊かな体験を通して生徒の内面に根ざした道徳性の育成が図られるよう配慮しなければならない。その際，特に生徒が自他の生命を尊重し，規律ある生活ができ，自分の将来を考え，法やきまりの意義の理解を深め，主体的に社会の形成に参画し，国際社会に生きる日本人としての自覚を身に付けるようにすることなどに配慮しなければならない。

3　学校における体育・健康に関する指導は，児童又は生徒の発達の段階を考慮して，学校の教育活動全体を通じて適切に行うものとする。特に，学校における食育の推進並びに体力の向上に関する指導，安全に関する指導及び心身の健康の保持増進に関する指導については，小学部の体育科及び中学部の保健体育科の時間はもとより，小学部の家庭科（知的障害者である児童に対する教育を行う特別支援学校においては生活科），中学部の技術・家庭科（知的障害者である生徒に対する教育を行う特別支援学校においては職業・家庭科），特別活動，自立活動などにおいてもそれぞれの特質に応じて適切に行うよう努めることとする。また，それらの指導を通して，家庭や地域社会との連携を図りながら，日常生活において適切な体育・健康に関する活動の実践を促し，生涯を通じて健康・安全で活力ある生活を送るための基礎が培われるよう配慮しなければならない。

4　学校における自立活動の指導は，障害による学習上又は生活上の困難を改善・克服し，自立し社会参加する資質を養うため，学校の教育活動全体を通じて適切に行うものとする。特に，自立活動の時間における指導は，各教科，道徳，外国語活動，総合的な学習の時間及び特別活動と密接な関連を保ち，個々の児童又は生徒の障害の状態や発達の段階等を的確に把握して，適切な指導計画の下に行うよう配慮しなければならない。

第2　内容等の取扱いに関する共通的事項

1　第2章以下に示す各教科，道徳，外国語活動，特別活動及び自立活動の内容に関する事項は，特に示す場合を除き，いずれの学校においても取り扱わなければならない。

2　学校において特に必要がある場合には，第2章以下に示していない内容を加えて指導することができる。また，第2章第1節第1款及び同章第2節第1款において準ずるものとしている小学校学習指導要領第2章及び中学校学習指導要領第2章に示す各教科の内容の取扱いのうち内容の範囲や程度等を示す事項は，すべての児童又は生徒に対して指導するものとする内容の範囲や程度等を示したものであり，学校に

おいて特に必要がある場合には，この事項にかかわらず指導することができる。ただし，これらの場合には，第2章以下に示す各教科，道徳，外国語活動，特別活動及び自立活動並びに各学年，各分野又は各言語（知的障害者である児童又は生徒に対する教育を行う特別支援学校においては，各教科，道徳，特別活動及び自立活動）の目標や内容の趣旨を逸脱したり，児童又は生徒の負担過重となったりすることのないようにしなければならない。

3 第2章以下に示す各教科，道徳，外国語活動，特別活動及び自立活動並びに各学年，各分野又は各言語の内容に掲げる事項の順序は，特に示す場合を除き，指導の順序を示すものではないので，学校においては，その取扱いについて適切な工夫を加えるものとする。

4 視覚障害者，聴覚障害者，肢体不自由者又は病弱者である児童に対する教育を行う特別支援学校の小学部において，学年の目標及び内容を2学年まとめて示した教科及び外国語活動の内容は，2学年間かけて指導する事項を示したものである。各学校においては，これらの事項を地域や学校及び児童の実態に応じ，2学年間を見通して計画的に指導することとし，特に示す場合を除き，いずれかの学年に分けて，又はいずれの学年においても指導するものとする。

5 視覚障害者，聴覚障害者，肢体不自由者又は病弱者である生徒に対する教育を行う特別支援学校の中学部においては，選択教科を開設し，生徒に履修させることができる。その場合，次のとおり取り扱うものとする。

(1) 地域や学校，生徒の実態を考慮し，すべての生徒に指導すべき内容との関連を図りつつ，選択教科の授業時数及び内容を適切に定め選択教科の指導計画を作成すること。

(2) 選択教科の内容については，課題学習，補充的な学習や発展的な学習など，生徒の障害の状態や特性等に応じた多様な学習活動が行えるよう各学校において適切に定めること。その際，生徒の負担過重となることのないようにしなければならない。

(3) 各学校においては，第2章に示す各教科を選択教科として設けることができるほか，地域や学校，生徒の実態を考慮して，特に必要がある場合には，その他特に必要な教科を選択教科として設けることができる。その他特に必要な教科の名称，目標，内容などについては，各学校が適切に定めるものとする。

6 知的障害者である生徒に対する教育を行う特別支援学校の中学部においては，国語，社会，数学，理科，音楽，美術，保健体育及び職業・家庭の各教科，道徳，総合的な学習の時間，特別活動並びに自立活動については，特に示す場合を除き，すべての生徒に履修させるものとする。また，外国語科については，学校や生徒の実態を考慮し，必要に応じて設けることができる。

7 知的障害者である児童又は生徒に対

する教育を行う特別支援学校において，各教科の指導に当たっては，各教科（小学部においては各教科の各段階。以下この項において同じ。）に示す内容を基に，児童又は生徒の知的障害の状態や経験等に応じて，具体的に指導内容を設定するものとする。また，各教科，道徳，特別活動及び自立活動の全部又は一部を合わせて指導を行う場合には，各教科，道徳，特別活動及び自立活動に示す内容を基に，児童又は生徒の知的障害の状態や経験等に応じて，具体的に指導内容を設定するものとする。

8 知的障害者である生徒に対する教育を行う特別支援学校の中学部においては，地域や学校，生徒の実態を考慮して，特に必要がある場合には，その他特に必要な教科を選択教科として設けることができる。その他特に必要な教科の名称，目標，内容などについては，各学校が適切に定めるものとする。その際，第2章第2節第2款の第2に示す事項に配慮するとともに，生徒の負担過重となることのないようにしなければならない。

第3 授業時数等の取扱い

1 小学部又は中学部の各学年における第2章以下に示す各教科（知的障害者である生徒に対する教育を行う特別支援学校の中学部において，外国語科を設ける場合を含む。以下同じ。），道徳，外国語活動，総合的な学習の時間，特別活動（学級活動（学校給食に係るものを除く。）に限る。以下この項，4及び6において同じ。）及び自立活動（以下「各教科等」という。）の総授業時数は，小学校又は中学校の各学年における総授業時数に準ずるものとする。この場合，各教科等の目標及び内容を考慮し，それぞれの年間の授業時数を適切に定めるものとする。

2 小学部又は中学部の各学年の総合的な学習の時間に充てる授業時数は，児童又は生徒の障害の状態や発達の段階等を考慮して，視覚障害者，聴覚障害者，肢体不自由者又は病弱者である児童又は生徒に対する教育を行う特別支援学校については，小学部第3学年以上及び中学部において，知的障害者である生徒に対する教育を行う特別支援学校については，中学部において，それぞれ適切に定めるものとする。

3 小学部又は中学部の各学年の自立活動の時間に充てる授業時数は，児童又は生徒の障害の状態に応じて，適切に定めるものとする。

4 小学部又は中学部の各教科等の授業は，年間35週（小学部第1学年については34週）以上にわたって行うように計画し，週当たりの授業時数が児童又は生徒の負担過重にならないようにするものとする。ただし，各教科等（中学部においては，特別活動を除く。）や学習活動の特質に応じ効果的な場合には，夏季，冬季，学年末等の休業日の期間に授業日を設定する場合を含め，これらの授業を特定の期間に行うことができる。なお，給食，休憩などの時間については，学校において工夫を加え，適切に定めるものとする。

5　特別活動の授業のうち,小学部の児童会活動及びクラブ活動,中学部の生徒会活動並びに学校行事については,それらの内容に応じ,年間,学期ごと,月ごとなどに適切な授業時数を充てるものとする。

　6　小学部又は中学部の各教科等のそれぞれの授業の1単位時間は,各学校において,児童又は生徒の障害の状態や発達の段階及び各教科等や学習活動の特質を考慮して適切に定めるものとする。なお,中学部においては,10分間程度の短い時間を単位として特定の教科の指導を行う場合において,当該教科を担当する教師がその指導内容の決定や指導の成果の把握と活用等を責任をもって行う体制が整備されているときは,その時間を当該教科の年間授業時数に含めることができる。

　7　各学校においては,地域や学校,児童又は生徒の実態,各教科等や学習活動の特質等に応じて,創意工夫を生かし時間割を弾力的に編成することができる。

　8　総合的な学習の時間における学習活動により,特別活動の学校行事に掲げる各行事の実施と同様の成果が期待できる場合においては,総合的な学習の時間における学習活動をもって相当する特別活動の学校行事に掲げる各行事の実施に替えることができる。

第4　指導計画の作成等に当たって配慮すべき事項

　1　各学校においては,次の事項に配慮しながら,学校の創意工夫を生かし,全体として,調和のとれた具体的な指導計画を作成するものとする。

(1)各教科等及び各学年相互間の関連を図り,系統的,発展的な指導ができるようにすること。

(2)視覚障害者,聴覚障害者,肢体不自由者又は病弱者である児童に対する教育を行う特別支援学校の小学部において,学年の目標及び内容を2学年まとめて示した教科及び外国語活動については,当該学年間を見通して,地域や学校及び児童の実態に応じ,その障害の状態や発達の段階を考慮しつつ,効果的,段階的に指導するようにすること。

(3)各教科の各学年,各分野又は各言語の指導内容については,そのまとめ方や重点の置き方に適切な工夫を加えるなど,効果的な指導ができるようにすること。

(4)小学部においては,児童の実態等を考慮し,指導の効果を高めるため,合科的・関連的な指導を進めること。

(5)各教科等の指導に当たっては,個々の児童又は生徒の実態を的確に把握し,個別の指導計画を作成すること。また,個別の指導計画に基づいて行われた学習の状況や結果を適切に評価し,指導の改善に努めること。

(6)学校がその目的を達成するため,地域や学校の実態等に応じ,家庭や地域の人々の協力を得るなど家庭や地域社会との連携を深めること。また,学校相互の連携や交流を図ることにも努めること。特に,児童又は生徒

の経験を広げて積極的な態度を養い，社会性や豊かな人間性をはぐくむために，学校の教育活動全体を通じて，小学校の児童又は中学校の生徒などと交流及び共同学習を計画的，組織的に行うとともに，地域の人々などと活動を共にする機会を積極的に設けること。

2　以上のほか，次の事項に配慮するものとする。

(1) 学校の教育活動全体を通じて，個に応じた指導を充実するため，個別の指導計画に基づき指導方法や指導体制の工夫改善に努めること。その際，児童又は生徒の障害の状態や学習の進度等を考慮して，個別指導を重視するとともに，授業形態や集団の構成の工夫，それぞれの教師の専門性を生かした協力的な指導などにより，学習活動が効果的に行われるようにすること。

(2) 複数の種類の障害を併せ有する児童又は生徒（以下「重複障害者」という。）については，専門的な知識や技能を有する教師間の協力の下に指導を行ったり，必要に応じて専門の医師及びその他の専門家の指導・助言を求めたりするなどして，学習効果を一層高めるようにすること。

(3) 各教科等の指導に当たっては，児童又は生徒の思考力，判断力，表現力等をはぐくむ観点から，基礎的・基本的な知識及び技能の活用を図る学習活動を重視するとともに，言語に対する関心や理解を深め，言語に関する能力の育成を図る上で必要な言語環境を整え，児童又は生徒の言語活動を充実すること。

(4) 各教科等の指導に当たっては，体験的な学習や基礎的・基本的な知識及び技能を活用した問題解決的な学習を重視するとともに，児童又は生徒の興味・関心を生かし，自主的，自発的な学習が促されるよう工夫すること。

(5) 教師と児童生徒の信頼関係及び児童生徒相互の好ましい人間関係を育てるとともに児童生徒理解を深め，生徒指導の充実を図ること。また，中学部においては，生徒が自らの生き方を考え主体的に進路を選択することができるよう，校内の組織体制を整備し，教師間の相互の連携を図りながら，学校の教育活動全体を通じ，計画的，組織的な進路指導を行うこと。その際，家庭及び地域や福祉，労働等の業務を行う関係機関との連携を十分に図ること。

(6) 小学部の各教科等の指導に当たっては，児童が学習課題や活動を選択したり，自らの将来について考えたりする機会を設けるなど工夫すること。また，中学部においては，生徒が学校や学級での生活によりよく適応するとともに，現在及び将来の生き方を考え行動する態度や能力を育成することができるよう，学校の教育活動全体を通じ，ガイダンスの機能の充実を図ること。

(7) 各教科等の指導に当たっては，児童

又は生徒が学習の見通しを立てたり学習したことを振り返ったりする活動を計画的に取り入れるよう工夫すること。

(8) 海外から帰国した児童又は生徒などについては、学校生活への適応を図るとともに、外国における生活経験を生かすなどの適切な指導を行うこと。

(9) 障害のため通学して教育を受けることが困難な児童又は生徒に対して、教員を派遣して教育を行う場合については、障害の状態や学習環境等に応じて、指導方法や指導体制を工夫し、学習活動が効果的に行われるようにすること。

(10) 各教科等の指導に当たっては、児童又は生徒がコンピュータや情報通信ネットワークなどの情報手段に慣れ親しみ、その基本的な操作や情報モラルを身に付け、適切かつ主体的、積極的に活用できるようにするための学習活動を充実するとともに、これらの情報手段に加え、視聴覚教材や教育機器などの教材・教具の適切な活用を図ること。また、児童又は生徒の障害の状態や特性等に即した教材・教具を創意工夫するとともに、学習環境を整え、指導の効果を高めるようにすること。

(11) 学校図書館を計画的に利用しその機能の活用を図り、児童又は生徒の主体的、意欲的な学習活動や読書活動を充実すること。

(12) 児童又は生徒のよい点や可能性、進歩の状況などを積極的に評価するとともに、指導の過程や成果を評価し、指導の改善を行い学習意欲の向上に生かすようにすること。

(13) 学校医等との連絡を密にし、児童又は生徒の障害の状態に応じた保健及び安全に十分留意すること。

(14) 家庭及び地域や医療、福祉、保健、労働等の業務を行う関係機関との連携を図り、長期的な視点で児童又は生徒への教育的支援を行うために、個別の教育支援計画を作成すること。

(15) 中学部において、生徒の自主的、自発的な参加により行われる部活動については、スポーツや文化及び科学等に親しませ、学習意欲の向上や責任感、連帯感の涵（かん）養等に資するものであり、学校教育の一環として、教育課程との関連が図られるよう留意すること。その際、地域や学校の実態に応じ、地域の人々の協力、社会教育施設や社会教育関係団体等の各種団体との連携などの運営上の工夫を行うようにすること。

(16) 小学校又は中学校等の要請により、障害のある児童、生徒又は当該児童若しくは生徒の教育を担当する教師等に対して必要な助言又は援助を行ったり、地域の実態や家庭の要請等により保護者等に対して教育相談を行ったりするなど、各学校の教師の専門性や施設・設備を生かした地域における特別支援教育のセンターとしての役割を果たすよう努めること。その際、学校として組織的に取

り組むことができるよう校内体制を整備するとともに，他の特別支援学校や地域の小学校又は中学校等との連携を図ること。

第5 重複障害者等に関する教育課程の取扱い

1 児童又は生徒の障害の状態により特に必要がある場合には，次に示すところによるものとする。
 (1) 各教科及び外国語活動の目標及び内容に関する事項の一部を取り扱わないことができること。
 (2) 各教科の各学年の目標及び内容の全部又は一部を，当該学年の前各学年の目標及び内容の全部又は一部によって，替えることができること。
 (3) 中学部の各教科の目標及び内容に関する事項の全部又は一部を，当該各教科に相当する小学部の各教科の目標及び内容に関する事項の全部又は一部によって，替えることができること。
 (4) 視覚障害者，聴覚障害者，肢体不自由者又は病弱者である生徒に対する教育を行う特別支援学校の中学部の外国語科については，外国語活動の目標及び内容の一部を取り入れることができること。
 (5) 幼稚部教育要領に示す各領域のねらい及び内容の一部を取り入れることができること。

2 視覚障害者，聴覚障害者，肢体不自由者又は病弱者である児童又は生徒に対する教育を行う特別支援学校に就学する児童又は生徒のうち，知的障害を併せ有する者については，各教科又は各教科の目標及び内容に関する事項の一部を，当該各教科に相当する第2章第1節第2款若しくは第2節第2款に示す知的障害者である児童又は生徒に対する教育を行う特別支援学校の各教科又は各教科の目標及び内容の一部によって，替えることができるものとする。なお，この場合，小学部の児童については，外国語活動及び総合的な学習の時間を設けないことができるものとする。また，中学部の生徒については，外国語科を設けないことができるものとする。

3 重複障害者のうち，障害の状態により特に必要がある場合には，各教科，道徳，外国語活動若しくは特別活動の目標及び内容に関する事項の一部又は各教科，外国語活動若しくは総合的な学習の時間に替えて，自立活動を主として指導を行うことができるものとする。

4 障害のため通学して教育を受けることが困難な児童又は生徒に対して，教員を派遣して教育を行う場合については，上記1から3に示すところによることができるものとする。

5 重複障害者，療養中の児童若しくは生徒又は障害のため通学して教育を受けることが困難な児童若しくは生徒に対して教員を派遣して教育を行う場合について，特に必要があるときは，実情に応じた授業時数を適切に定めるものとする。

11　特別支援学校高等部学習指導要領―総則―（抄）
（2009〔平成21〕年3月　告示）

第1章　総　則
第1節　教育目標
　高等部における教育については，学校教育法第72条に定める目的を実現するために，生徒の障害の状態及び特性等を十分考慮して，次に掲げる目標の達成に努めなければならない。
1　学校教育法第51条に規定する高等学校教育の目標
2　生徒の障害による学習上又は生活上の困難を改善・克服し自立を図るために必要な知識，技能，態度及び習慣を養うこと。

第2節　教育課程の編成
第1款　一般方針
1　各学校においては，教育基本法及び学校教育法その他の法令並びにこの章以下に示すところに従い，生徒の人間として調和のとれた育成をめざし，その障害の状態，発達の段階及び特性等，地域や学校の実態並びに学科の特色を十分考慮して，適切な教育課程を編成するものとし，これらに掲げる目標を達成するよう教育を行うものとする。
　学校の教育活動を進めるに当たっては，各学校において，生徒に生きる力をはぐくむことをめざし，創意工夫を生かした特色ある教育活動を展開する中で，基礎的・基本的な知識及び技能を確実に習得させ，これらを活用して課題を解決するために必要な思考力，判断力，表現力その他の能力をはぐくむとともに，主体的に学習に取り組む態度を養い，個性を生かす教育の充実に努めなければならない。その際，生徒の発達の段階を考慮して，生徒の言語活動を充実するとともに，家庭との連携を図りながら，生徒の学習習慣が確立するよう配慮しなければならない。
2　学校における道徳教育は，生徒が自己探求と自己実現に努め国家・社会の一員としての自覚に基づき行為しうる発達の段階にあることを考慮し人間としての在り方生き方に関する教育を学校の教育活動全体を通じて行うことにより，その充実を図るものとし，視覚障害者，聴覚障害者，肢体不自由者又は病弱者である生徒に対する教育を行う特別支援学校においては，各教科に属する科目，総合的な学習の時間，特別活動及び自立活動において，また，知的障害者である生徒に対する教育を行う特別支援学校においては，道徳の時間をはじめとして，各教科，総合的な学習の時間，特別活動及び自立活動において，それぞれの特質に応じて，適切な指導を行わなければならない。
　道徳教育は，教育基本法及び学校教育法に定められた教育の根本精神に基づき，人間尊重の精神と生命に対する畏（い）敬の念を家庭，学校，その他社会における具体的な生活の中に生かし，

豊かな心をもち，伝統と文化を尊重し，それらをはぐくんできた我が国と郷土を愛し，個性豊かな文化の創造を図るとともに，公共の精神を尊び，民主的な社会及び国家の発展に努め，他国を尊重し，国際社会の平和と発展や環境の保全に貢献し未来を拓（ひら）く主体性のある日本人を育成するため，その基盤としての道徳性を養うことを目標とする。

　道徳教育を進めるに当たっては，特に，道徳的実践力を高めるとともに，自他の生命を尊重する精神，自律の精神及び社会連帯の精神並びに義務を果たし責任を重んずる態度及び人権を尊重し差別のないよりよい社会を実現しようとする態度を養うための指導が適切に行われるよう配慮しなければならない。

3　学校における体育・健康に関する指導は，生徒の発達の段階を考慮して，学校の教育活動全体を通じて適切に行うものとする。特に，学校における食育の推進並びに体力の向上に関する指導，安全に関する指導及び心身の健康の保持増進に関する指導については，保健体育科の時間はもとより，家庭科，特別活動，自立活動などにおいてもそれぞれの特質に応じて適切に行うよう努めることとする。また，それらの指導を通して，家庭や地域社会との連携を図りながら，日常生活において適切な体育・健康に関する活動の実践を促し，生涯を通じて健康・安全で活力ある生活を送るための基礎が培われるよう配慮しなければならない。

4　学校における自立活動の指導は，障害による学習上又は生活上の困難を改善・克服し，自立し社会参加する資質を養うため，学校の教育活動全体を通じて適切に行うものとする。特に，自立活動の時間における指導は，各教科に属する科目，総合的な学習の時間及び特別活動（知的障害者である生徒に対する教育を行う特別支援学校においては，各教科，道徳，総合的な学習の時間及び特別活動）と密接な関連を保ち，個々の生徒の障害の状態や発達の段階等を的確に把握して，適切な指導計画の下に行うよう配慮しなければならない。

5　学校においては，生徒の障害の状態，地域や学校の実態等に応じて，就業やボランティアにかかわる体験的な学習の指導を適切に行うようにし，勤労の尊さや創造することの喜びを体得させ，望ましい勤労観，職業観の育成や社会奉仕の精神の涵養に資するものとする。

第4款　教育課程の編成・実施に当たって配慮すべき事項

1　選択履修の趣旨を生かした適切な教育課程編成

　教育課程の編成に当たっては，生徒の障害の状態，特性及び進路等に応じた適切な各教科・科目（知的障害者である生徒に対する教育を行う特別支援学校においては各教科。この款及び第6款において同じ。）の履修ができるようにし，このため，多様な各教科・科目を設け生徒が自由に選択履修すること

のできるよう配慮するものとする。また，教育課程の類型を設け，そのいずれかの類型を選択して履修させる場合においても，その類型において履修させることになっている各教科・科目以外の各教科・科目を履修させたり，生徒が自由に選択履修することのできる各教科・科目を設けたりするものとする。

2　各教科・科目等の内容等の取扱い

(1)学校においては，第2章以下に示していない事項を加えて指導することができる。また，第2章第1節第2款において準ずるものとしている高等学校学習指導要領第2章及び第3章並びに同節第3款から第9款までに示す各科目の内容の取扱いのうち内容の範囲や程度等を示す事項は，当該科目を履修するすべての生徒に対して指導するものとする内容の範囲や程度等を示したものであり，学校において必要がある場合には，この事項にかかわらず指導することができる。ただし，これらの場合には，第2章以下に示す各教科・科目，特別活動及び自立活動（知的障害者である生徒を教育する特別支援学校においては，各教科，道徳，特別活動及び自立活動）の目標や内容の趣旨を逸脱したり，生徒の負担過重になったりすることのないようにするものとする。

(2)第2章以下に示す各教科・科目，特別活動及び自立活動の内容に掲げる事項の順序は，特に示す場合を除き，指導の順序を示すものではないので，学校においては，その取扱いについて適切な工夫を加えるものとする。

(3)視覚障害者，聴覚障害者，肢体不自由者又は病弱者である生徒を教育する特別支援学校においては，あらかじめ計画して，各教科・科目の内容及び総合的な学習の時間における学習活動を学期の区分に応じて単位ごとに分割して指導することができる。

(4)学校においては，特に必要がある場合には，第2章に示す教科及び科目の目標の趣旨を損なわない範囲内で，各教科・科目及び各段階の内容に関する事項について，基礎的・基本的な事項に重点を置くなどその内容を適切に選択して指導することができる。

(5)知的障害者である生徒に対する教育を行う特別支援学校において，各教科の指導に当たっては，各教科の各段階に示す内容を基に，生徒の知的障害の状態や経験等に応じて，具体的に指導内容を設定するものとする。また，各教科，道徳，特別活動及び自立活動の全部又は一部を合わせて指導を行う場合には，各教科の各段階，道徳，特別活動及び自立活動に示す内容を基に，生徒の知的障害の状態や経験等に応じて，具体的に指導内容を設定するものとする。

3　指導計画の作成等に当たって配慮すべき事項

　各学校においては，次の事項に配慮しながら，学校の創意工夫を生かし，

全体として，調和のとれた具体的な指導計画を作成するものとする。
(1) 各教科に属する科目相互や他の教科に属する科目との関連（知的障害者である生徒に対する教育を行う特別支援学校においては各教科相互の関連）を図り，発展的，系統的な指導ができるようにすること。
(2) 各教科・科目の指導内容については，各事項のまとめ方及び重点の置き方に適切な工夫を加えて，効果的な指導ができるようにすること。
(3) 各教科・科目等（知的障害者である生徒に対する教育を行う特別支援学校においては各教科等。5の(3)，(7)及び(11)において同じ。）の指導に当たっては，個々の生徒の実態を的確に把握し，個別の指導計画を作成すること。また，個別の指導計画に基づいて行われた学習の状況や結果を適切に評価し，指導の改善に努めること。
(4) 視覚障害者，聴覚障害者，肢体不自由者又は病弱者である生徒に対する教育を行う特別支援学校においては，学校や生徒の実態等に応じ，必要がある場合には，例えば次のような工夫を行い，義務教育段階での学習内容の確実な定着を図るようにすること。
　ア　各教科・科目の指導に当たり，義務教育段階での学習内容の確実な定着を図るための学習機会を設けること。
　イ　義務教育段階での学習内容の確実な定着を図りながら，必履修教科・科目の内容を十分に習得させることができるよう，その単位数を標準単位数の標準の限度を超えて増加して配当すること。
　ウ　義務教育段階での学習内容の確実な定着を図ることを目標とした学校設定科目等を履修させた後に，必履修教科・科目を履修させるようにすること。
(5) 全教師が協力して道徳教育を展開するため，第1款の2に示す道徳教育の目標を踏まえ，指導の方針や重点を明確にして，学校の教育活動全体を通じて行う道徳教育について，その全体計画を作成すること。
(6) 学校がその目的を達成するため，地域や学校の実態等に応じ，家庭や地域の人々の協力を得るなど家庭や地域社会との連携を深めること。また，学校相互の連携や交流を図ることにも努めること。特に，生徒の経験を広めて積極的な態度を養い，社会性や豊かな人間性をはぐくむために，学校の教育活動全体を通じて，高等学校の生徒などと交流及び共同学習を計画的，組織的に行うとともに，地域の人々などと活動を共にする機会を積極的に設けること。
4　職業教育に関して配慮すべき事項
(1) 普通科においては，地域や学校の実態，生徒の特性，進路等を考慮し，必要に応じて，適切な職業に関する各教科・科目の履修の機会の確保について配慮するものとする。

(2)職業教育を主とする専門学科においては，次の事項に配慮するものとする。
　ア　職業に関する各教科・科目については，実験・実習に配当する授業時数を十分確保するようにすること。
　イ　生徒の実態を考慮し，職業に関する各教科・科目の履修を容易にするため特別な配慮が必要な場合には，各分野における基礎的又は中核的な科目を重点的に選択し，その内容については基礎的・基本的な事項が確実に身に付くように取り扱い，また，主として実験・実習によって指導するなどの工夫をこらすようにすること。
(3)学校においては，キャリア教育を推進するために，地域や学校の実態，生徒の特性，進路等を考慮し，地域及び産業界や労働等の業務を行う関係機関との連携を図り，産業現場等における長期間の実習を取り入れるなど就業体験の機会を積極的に設けるとともに，地域や産業界等の人々の協力を積極的に得るよう配慮するものとする。
(4)職業に関する各教科・科目については，次の事項に配慮するものとする。
　ア　職業に関する各教科・科目については，就業体験をもって実習に替えることができること。この場合，就業体験は，その各教科・科目の内容に直接関係があり，かつ，その一部としてあらかじめ計画されるものであることを要すること。
　イ　農業，水産及び家庭に関する各教科・科目の指導に当たっては，ホームプロジェクトなどの活動を活用して，学習の効果を上げるよう留意すること。この場合，ホームプロジェクトについては，適切な授業時数をこれに充てることができること。
5　教育課程の実施等に当たって配慮すべき事項
　以上のほか，次の事項について配慮するものとする。
(1)学校の教育活動全体を通じて，個に応じた指導を充実するため，個別の指導計画に基づき指導方法や指導体制の工夫改善に努めること。その際，生徒の障害の状態や学習の進度等を考慮して，個別指導を重視するとともに，授業形態や集団の構成の工夫，それぞれの教師の専門性を生かした協力的な指導などにより，学習活動が効果的に行われるようにすること。
(2)複数の種類の障害を併せ有する生徒（以下「重複障害者」という。）については，専門的な知識や技能を有する教師間の協力の下に指導を行ったり，必要に応じて専門の医師及びその他の専門家の指導・助言を求めたりするなどして，学習効果を一層高めるようにすること。
(3)各教科・科目等の指導に当たっては，生徒の思考力，判断力，表現力等をはぐくむ観点から，基礎的・基本的な知識及び技能の活用を図る学習活

動を重視するとともに，言語に対する関心や理解を深め，言語に関する能力の育成を図る上で必要な言語環境を整え，生徒の言語活動を充実すること。
(4)生徒が適切な各教科・科目や類型を選択し学校やホームルームでの生活によりよく適応するとともに，現在及び将来の生き方を考え行動する態度や能力を育成することができるよう，学校の教育活動全体を通じ，ガイダンスの機能の充実を図ること。
(5)教師と生徒の信頼関係及び生徒相互の好ましい人間関係を育てるとともに生徒理解を深め，生徒が主体的に判断，行動し積極的に自己を生かしていくことができるよう，生徒指導の充実を図ること。
(6)生徒が自己の在り方生き方を考え，主体的に進路を選択することができるよう，校内の組織体制を整備し，教師間の相互の連携を図りながら，学校の教育活動全体を通じ，計画的，組織的な進路指導を行い，キャリア教育を推進すること。その際，家庭及び地域や福祉，労働等の業務を行う関係機関との連携を十分に図ること。
(7)各教科・科目等の指導に当たっては，生徒が学習の見通しを立てたり学習したことを振り返ったりする活動を計画的に取り入れるようにすること。
(8)学習の遅れがちな生徒などについては，各教科・科目等の選択，その内容の取扱いなどについて必要な配慮を行い，生徒の実態に応じ，例えば義務教育段階の学習内容の確実な定着を図るための指導を適宜取り入れるなど，指導内容や指導方法を工夫すること。
(9)海外から帰国した生徒などについては，学校生活への適応を図るとともに，外国における生活経験を生かすなど適切な指導を行うこと。
(10)障害のため通学して教育を受けることが困難な生徒に対して，教員を派遣して教育を行う場合については，障害の状態や学習環境等に応じて，指導方法や指導体制を工夫し，学習活動が効果的に行われるようにすること。
(11)各教科・科目等の指導に当たっては，生徒が情報モラルを身に付け，コンピュータや情報通信ネットワークなどの情報手段を適切かつ実践的，主体的に活用できるようにするための学習活動を充実するとともに，これらの情報手段に加え視聴覚教材や教育機器などの教材・教具の適切な活用を図ること。なお，生徒の障害の状態や特性等に即した教材・教具を創意工夫するとともに，学習環境を整え，指導の効果を高めるようにすること。
(12)学校図書館を計画的に利用しその機能の活用を図り，生徒の主体的，意欲的な学習活動や読書活動を充実すること。
(13)生徒のよい点や可能性，進歩の状況などを積極的に評価するとともに，指導の過程や成果を評価し，指導の

改善を行い学習意欲の向上に生かすようにすること。

(14)実験・実習に当たっては，特に安全と保健に留意すること。

(15)学校医等との連絡を密にし，生徒の障害の状態に応じた保健及び安全に十分留意すること。

(16)家庭及び地域や医療，福祉，保健，労働等の業務を行う関係機関との連携を図り，長期的な視点で生徒への教育的支援を行うために，個別の教育支援計画を作成すること。

(17)生徒の自主的，自発的な参加により行われる部活動については，スポーツや文化及び科学等に親しませ，学習意欲の向上や責任感，連帯感の涵養等に資するものであり，学校教育の一環として，教育課程との関連が図られるよう留意すること。その際，地域や学校の実態に応じ，地域の人々の協力，社会教育施設や社会教育関係団体等の各種団体との連携などの運営上の工夫を行うようにすること。

(18)高等学校等の要請により，障害のある生徒又は当該生徒の教育を担当する教師等に対して必要な助言又は援助を行ったり，地域の実態や家庭の要請等により保護者等に対して教育相談を行ったりするなど，各学校の教師の専門性や施設・設備を生かした地域における特別支援教育のセンターとしての役割を果たすよう努めること。その際，学校として組織的に取り組むことができるよう校内体制を整備するとともに，他の特別支援学校や地域の高等学校等との連携を図ること。

第5款　単位の修得及び卒業の認定

第1　視覚障害者，聴覚障害者，肢体不自由者又は病弱者である生徒を教育する特別支援学校

1　各教科・科目及び総合的な学習の時間の単位の修得の認定

(1)学校においては，生徒が学校の定める指導計画に従って各教科・科目を履修し，その成果が教科及び科目の目標からみて満足できると認められる場合には，その各教科・科目について履修した単位を修得したことを認定しなければならない。

(2)学校においては，生徒が学校の定める指導計画に従って総合的な学習の時間を履修し，その成果が第4章に定める目標からみて満足できると認められる場合には，総合的な学習の時間について履修した単位を修得したことを認定しなければならない。

(3)学校においては，生徒が1科目又は総合的な学習の時間を2以上の学年にわたって履修したときは，各学年ごとにその各教科・科目又は総合的な学習の時間について履修した単位を修得したことを認定することを原則とする。また，単位の修得の認定を学期の区分ごとに行うことができる。

2　卒業までに修得させる単位数

学校においては，卒業までに修得させる単位数を定め，校長は，当該単位数を修得した者で，特別活動及び自

立活動の成果がそれらの目標からみて満足できると認められるものについて，高等部の全課程の修了を認定するものとする。この場合，卒業までに修得させる単位数は，74単位（自立活動の授業については，授業時数を単位数に換算して，この単位数に含めることができる。）以上とする。なお，普通科においては，卒業までに修得させる単位数に含めることができる学校設定科目及び学校設定教科に関する科目に係る修得単位数は，合わせて20単位を超えることができない。

3　各学年の課程の修了の認定

　学校においては，各学年の課程の修了の認定については，単位制が併用されていることを踏まえ，弾力的に行うよう配慮するものとする。

第2　知的障害者である生徒に対する教育を行う特別支援学校

　学校においては，卒業までに履修させる各教科，道徳，総合的な学習の時間，特別活動及び自立活動のそれぞれの授業時数を定めるものとする。

　校長は，各教科，道徳，総合的な学習の時間，特別活動及び自立活動を履修した者で，その成果がそれらの目標からみて満足できると認められるものについて，高等部の全課程の修了を認定するものとする。

第6款　重複障害者等に関する教育課程の取扱い

　生徒の障害の状態により特に必要がある場合には，次に示すところによるものとする。

(1) 各教科・科目の目標及び内容の一部を取り扱わないことができること。
(2) 高等部の各教科・科目の目標及び内容の一部を，当該各教科・科目に相当する中学部又は小学部の各教科の目標及び内容に関する事項の一部によって，替えることができること。
(3) 視覚障害者，聴覚障害者，肢体不自由者又は病弱者である生徒に対する教育を行う特別支援学校の外国語科に属する科目については，小学部・中学部学習指導要領に示す外国語活動の目標及び内容の一部を取り入れることができること。

　視覚障害者，聴覚障害者，肢体不自由者又は病弱者である生徒に対する教育を行う特別支援学校に就学する生徒のうち，知的障害を併せ有する者については，次に示すところによるものとする。

(1) 各教科・科目又は各教科・科目の目標及び内容の一部を，当該各教科・科目に相当する第2章第2節第1款及び第2款に示す知的障害者である生徒に対する教育を行う特別支援学校の各教科又は各教科の目標及び内容の一部によって，替えることができること。この場合，各教科・科目に替えて履修した第2章第2節第1款及び第2款に示す各教科については，1単位時間を50分とし，35単位時間の授業を1単位として計算することを標準とするものとすること。
(2) 生徒の障害の状態により特に必要がある場合には，第1章第2節第3款に示す知的障害者である生徒に対す

る教育を行う特別支援学校における各教科等の履修等によることができること。
(3)校長は，上記2の(2)により，第1章第2節第3款に示す知的障害者である生徒に対する教育を行う特別支援学校における各教科等を履修した者で，その成果がそれらの目標からみて満足できると認められるものについて，高等部の全課程の修了を認定するものとすること。

重複障害者のうち，障害の状態により特に必要がある場合には，次に示すところによるものとする。
(1)各教科・科目若しくは特別活動（知的障害者である生徒に対する教育を行う特別支援学校においては，各教科，道徳若しくは特別活動）の目標及び内容の一部又は各教科・科目若しくは総合的な学習の時間に替えて，自立活動を主として指導を行うことができること。この場合，実情に応じた授業時数を適切に定めるものとすること。
(2)校長は，各教科，科目若しくは特別活動（知的障害者である生徒に対する教育を行う特別支援学校においては，各教科，道徳若しくは特別活動）の目標及び内容の一部又は各教科・科目若しくは総合的な学習の時間に替えて自立活動を主として履修した者で，その成果がそれらの目標からみて満足できると認められるものについて，高等部の全課程の修了を認定するものとすること。

障害のため通学して教育を受けることが困難な生徒に対して，教員を派遣して教育を行う場合については，次に示すところによるものとする。
(1)上記1，2の(1)若しくは(2)又は3の(1)に示すところによることができること。
(2)特に必要がある場合には，実情に応じた授業時数を適切に定めること。
(3)校長は，生徒の学習の成果に基づき，高等部の全課程の修了を認定することができること。

療養中の生徒及び障害のため通学して教育を受けることが困難な生徒について，各教科・科目の一部を通信により教育を行う場合の1単位当たりの添削指導及び面接指導の回数等（知的障害者である生徒に対する教育を行う特別支援学校においては，通信により教育を行うこととなった各教科の一部の授業時数に相当する添削指導及び面接指導の回数等）については，実情に応じて適切に定めるものとする。

12 教育公務員特例法（抄）
（2007〔平成19〕年6月27日　法律第98号）

第1章　総　則

（この法律の趣旨）

第1条　この法律は，教育を通じて国民全体に奉仕する教育公務員の職務とその責任の特殊性に基づき，教育公務員の任免，給与，分限，懲戒，服務及び研修等について規定する。

（定義）

第2条　この法律で「教育公務員」とは，地方公務員のうち，学校教育法（昭和22年法律第26号）第1条に定める学校であつて同法第2条に定める公立学校（地方独立行政法人法（平成15年法律第118号）第68条第1項に規定する公立大学法人が設置する大学及び高等専門学校を除く。以下同じ。）の学長，校長（園長を含む。以下同じ。），教員及び部局長並びに教育委員会の教育長及び専門的教育職員をいう。

2　この法律で「教員」とは，前項の学校の教授，准教授，助教，副校長（副園長を含む。以下同じ。），教頭，主幹教諭，指導教諭，教諭，助教諭，養護教諭，養護助教諭，栄養教諭及び講師（常時勤務の者及び地方公務員法（昭和25年法律第261号）第28条の5第1項に規定する短時間勤務の職を占める者に限る。第23条第2項を除き，以下同じ。）をいう。

3　この法律で「部局長」とは，大学（公立学校であるものに限る。第26条第1項を除き，以下同じ。）の副学長，学部長その他政令で指定する部局の長をいう。

4　この法律で「評議会」とは，大学に置かれる会議であつて当該大学を設置する地方公共団体の定めるところにより学長，学部長その他の者で構成するものをいう。

5　この法律で「専門的教育職員」とは，指導主事及び社会教育主事をいう。

第2章　任免，給与，分限及び懲戒

（採用及び昇任の方法）

第11条　公立学校の校長の採用並びに教員の採用及び昇任は，選考によるものとし，その選考は，大学附置の学校にあつては当該大学の学長，大学附置の学校以外の公立学校にあつてはその校長及び教員の任命権者である教育委員会の教育長が行う。

（条件附任用）

第12条　公立の小学校，中学校，高等学校，中等教育学校，特別支援学校及び幼稚園（以下「小学校等」という。）の教諭，助教諭及び講師（以下「教諭等」という。）に係る地方公務員法第22条第1項に規定する採用については，同項中「6月」とあるのは「1年」として同項の規定を適用する。

2　地方教育行政の組織及び運営に関する法律（昭和31年法律第162号）第40条に定める場合のほか，公立の小学

校等の校長又は教員で地方公務員法第22条第1項（前項の規定において読み替えて適用する場合を含む。）の規定により正式任用になつている者が，引き続き同一都道府県内の公立の小学校等の校長又は教員に任用された場合には，その任用については，同条同項の規定は適用しない。

第3章　服　務

（兼職及び他の事業等の従事）

第17条　教育公務員は，教育に関する他の職を兼ね，又は教育に関する他の事業若しくは事務に従事することが本務の遂行に支障がないと任命権者（地方教育行政の組織及び運営に関する法律第37条第1項に規定する県費負担教職員については，市町村（特別区を含む。以下同じ。）の教育委員会。第23条第2項及び第24条第2項において同じ。）において認める場合には，給与を受け，又は受けないで，その職を兼ね，又はその事業若しくは事務に従事することができる。

2　前項の場合においては，地方公務員法第38条第2項の規定により人事委員会が定める許可の基準によることを要しない。

（公立学校の教育公務員の政治的行為の制限）

第18条　公立学校の教育公務員の政治的行為の制限については，当分の間，地方公務員法第36条の規定にかかわらず，国家公務員の例による。

2　前項の規定は，政治的行為の制限に違反した者の処罰につき国家公務員法（昭和22年法律第120号）第110条第1項の例による趣旨を含むものと解してはならない。

第4章　研　修

（研修）

第21条　教育公務員は，その職責を遂行するために，絶えず研究と修養に努めなければならない。

2　教育公務員の任命権者は，教育公務員の研修について，それに要する施設，研修を奨励するための方途その他研修に関する計画を樹立し，その実施に努めなければならない。

（研修の機会）

第22条　教育公務員には，研修を受ける機会が与えられなければならない。

2　教員は，授業に支障のない限り，本属長の承認を受けて，勤務場所を離れて研修を行うことができる。

3　教育公務員は，任命権者の定めるところにより，現職のままで，長期にわたる研修を受けることができる。

（初任者研修）

第23条　公立の小学校等の教諭等の任命権者は，当該教諭等（政令で指定する者を除く。）に対して，その採用の日から1年間の教諭の職務の遂行に必要な事項に関する実践的な研修（以下「初任者研修」という。）を実施しなければならない。

2　任命権者は，初任者研修を受ける者（次項において「初任者」という。）の所属する学校の副校長，教頭，主幹教諭（養護又は栄養の指導及び管理をつかさどる主幹教諭を除く。），指導教諭，教諭又は講師のうちから，指導教員を命じるものとする。

3　指導教員は，初任者に対して教諭の職務の遂行に必要な事項について指導及び助言を行うものとする。

（10年経験者研修）

第24条　公立の小学校等の教諭等の任命権者は，当該教諭等に対して，その在職期間（公立学校以外の小学校等の教諭等としての在職期間を含む。）が10年（特別の事情がある場合には，10年を標準として任命権者が定める年数）に達した後相当の期間内に，個々の能力，適性等に応じて，教諭等としての資質の向上を図るために必要な事項に関する研修（以下「10年経験者研修」という。）を実施しなければならない。

2　任命権者は，10年経験者研修を実施するに当たり，10年経験者研修を受ける者の能力，適性等について評価を行い，その結果に基づき，当該者ごとに10年経験者研修に関する計画書を作成しなければならない。

3　第1項に規定する在職期間の計算方法，10年経験者研修を実施する期間その他10年経験者研修の実施に関し必要な事項は，政令で定める。

（研修計画の体系的な樹立）

第25条　任命権者が定める初任者研修及び10年経験者研修に関する計画は，教員の経験に応じて実施する体系的な研修の一環をなすものとして樹立されなければならない。

（指導改善研修）

第25条の2　公立の小学校等の教諭等の任命権者は，児童，生徒又は幼児（以下「児童等」という。）に対する指導が不適切であると認定した教諭等に対して，その能力，適性等に応じて，当該指導の改善を図るために必要な事項に関する研修（以下「指導改善研修」という。）を実施しなければならない。

②指導改善研修の期間は，1年を超えてはならない。ただし，特に必要があると認めるときは，任命権者は，指導改善研修を開始した日から引き続き2年を超えない範囲内で，これを延長することができる。

③任命権者は，指導改善研修を実施するに当たり，指導改善研修を受ける者の能力，適性等に応じて，その者ごとに指導改善研修に関する計画書を作成しなければならない。

④任命権者は，指導改善研修の終了時において，指導改善研修を受けた者の児童等に対する指導の改善の程度に関する認定を行わなければならない。

⑤任命権者は，第1項及び前項の認定に当たつては，教育委員会規則で定めるところにより，教育学，医学，心理学その他の児童等に対する指導に関する専門的知識を有する者及び当該任命権者の属する都道府県又は市町村の区域内に居住する保護者（親権を行う者及び未成年後見人をいう。）である者の意見を聴かなければならない。

⑥前項に定めるもののほか，事実の確認の方法その他第1項及び第4項の認定の手続に関し必要な事項は，教育委員会規則で定めるものとする。

⑦前各項に規定するもののほか，指導改善研修の実施に関し必要な事項は，政

令で定める。
(指導改善研修後の措置)
第25条の3　任命権者は，前条第4項の認定において指導の改善が不十分でなお児童等に対する指導を適切に行うことができないと認める教諭等に対して，免職その他の必要な措置を講ずるものとする。

13　教育職員免許法（抄）
(2008〔平成20〕年6月18日　法律第73号)

第1章　総則

(この法律の目的)
第1条　この法律は，教育職員の免許に関する基準を定め，教育職員の資質の保持と向上を図ることを目的とする。

(定義)
第2条　この法律で「教育職員」とは，学校教育法（昭和22年法律第26号）第1条に定める幼稚園，小学校，中学校，高等学校，中等教育学校及び特別支援学校（以下「学校」という。）の主幹教諭，指導教諭，教諭，助教諭，養護教諭，養護助教諭，栄養教諭及び講師（以下「教員」という。）をいう。

2　この法律で「免許管理者」とは，免許状を有する者が教育職員及び文部科学省令で定める教育の職にある者である場合にあつてはその者の勤務地の都道府県の教育委員会，これらの者以外の者である場合にあつてはその者の住所地の都道府県の教育委員会をいう。

(免許)
第3条　教育職員は，この法律により授与する各相当の免許状を有する者でなければならない。

2　前項の規定にかかわらず，主幹教諭（養護又は栄養の指導及び管理をつかさどる主幹教諭を除く。）及び指導教諭については各相当学校の教諭の免許状を有する者を，養護をつかさどる主幹教諭については養護教諭の免許状を有する者を，栄養の指導及び管理をつかさどる主幹教諭については栄養教諭の免許状を有する者を，講師については各相当学校の教員の相当免許状を有する者を，それぞれ充てるものとする。

3　特別支援学校の教員（養護又は栄養の指導及び管理をつかさどる主幹教諭，養護教諭，養護助教諭，栄養教諭並びに特別支援学校において自立教科等の教授を担任する教員を除く。）については，第1項の規定にかかわらず，特別支援学校の教員の免許状のほか，特別支援学校の各部に相当する学校の教員の免許状を有する者でなければならない。

4　中等教育学校の教員（養護又は栄養の指導及び管理をつかさどる主幹教諭，養護教諭，養護助教諭並びに栄養教諭を除く。）については，第1項の規定に

かかわらず，中学校の教員の免許状及び高等学校の教員の免許状を有する者でなければならない。

第2章　免許状

（種類）

第4条　免許状は，普通免許状，特別免許状及び臨時免許状とする。

2　普通免許状は，学校（中等教育学校を除く。）の種類ごとの教諭の免許状，養護教諭の免許状及び栄養教諭の免許状とし，それぞれ専修免許状，一種免許状及び二種免許状（高等学校教諭の免許状にあつては，専修免許状及び一種免許状）に区分する。

（授与）

第5条　普通免許状は，別表第1，別表第2若しくは別表第2の2に定める基礎資格を有し，かつ，大学若しくは文部科学大臣の指定する養護教諭養成機関において別表第1，別表第2若しくは別表第2の2に定める単位を修得した者又はその免許状を授与するため行う教育職員検定に合格した者に授与する。ただし，次の各号のいずれかに該当する者には，授与しない。

　一　18歳未満の者

　二　高等学校を卒業しない者（通常の課程以外の課程におけるこれに相当するものを修了しない者を含む。）。ただし，文部科学大臣において高等学校を卒業した者と同等以上の資格を有すると認めた者を除く。

　三　成年被後見人又は被保佐人

　四　禁錮以上の刑に処せられた者

　五　第10条第1項第2号又は第3号に該当することにより免許状がその効力を失い，当該失効の日から3年を経過しない者

　六　第11条第1項から第3項までの規定により免許状取上げの処分を受け，当該処分の日から3年を経過しない者

　七　日本国憲法施行の日以後において，日本国憲法又はその下に成立した政府を暴力で破壊することを主張する政党その他の団体を結成し，又はこれに加入した者

2　前項本文の規定にかかわらず，別表第1から別表第2の2までに規定する普通免許状に係る所要資格を得た日の翌日から起算して10年を経過する日の属する年度の末日を経過した者に対する普通免許状の授与は，その者が免許状更新講習（第9条の3第1項に規定する免許状更新講習をいう。以下第9条の2までにおいて同じ。）の課程を修了した後文部科学省令で定める2年以上の期間内にある場合に限り，行うものとする。

3　特別免許状は，教育職員検定に合格した者に授与する。ただし，第1項各号のいずれかに該当する者には，授与しない。

4　前項の教育職員検定は，次の各号のいずれにも該当する者について，教育職員に任命し，又は雇用しようとする者が，学校教育の効果的な実施に特に必要があると認める場合において行う推薦に基づいて行うものとする。

　一　担当する教科に関する専門的な知

識経験又は技能を有する者
二　社会的信望があり，かつ，教員の職務を行うのに必要な熱意と識見を持つている者
5　第7項で定める授与権者は，第3項の教育職員検定において合格の決定をしようとするときは，あらかじめ，学校教育に関し学識経験を有する者その他の文部科学省令で定める者の意見を聴かなければならない。
6　臨時免許状は，普通免許状を有する者を採用することができない場合に限り，第1項各号のいずれにも該当しない者で教育職員検定に合格したものに授与する。ただし，高等学校助教諭の臨時免許状は，次の各号のいずれかに該当する者以外の者には授与しない。
一　短期大学士の学位又は準学士の称号を有する者
二　文部科学大臣が前号に掲げる者と同等以上の資格を有すると認めた者
7　免許状は，都道府県の教育委員会（以下「授与権者」という。）が授与する。
第5条の2　免許状の授与を受けようとする者は，申請書に授与権者が定める書類を添えて，授与権者に申し出るものとする。
2　特別支援学校の教員の免許状の授与に当たつては，当該免許状の授与を受けようとする者の別表第1の第3欄に定める特別支援教育に関する科目（次項において「特別支援教育科目」という。）の修得の状況又は教育職員検定の結果に応じて，文部科学省令で定めるところにより，一又は二以上の特別支援教育領域を定めるものとする。
3　特別支援学校の教員の免許状の授与を受けた者が，その授与を受けた後，当該免許状に定められている特別支援教育領域以外の特別支援教育領域（以下「新教育領域」という。）に関して特別支援教育科目を修得し，申請書に当該免許状を授与した授与権者が定める書類を添えて当該授与権者にその旨を申し出た場合，又は当該授与権者が行う教育職員検定に合格した場合には，当該授与権者は，前項に規定する文部科学省令で定めるところにより，当該免許状に当該新教育領域を追加して定めるものとする。

（証明書の発行）
第7条　大学（文部科学大臣の指定する教員養成機関，並びに文部科学大臣の認定する講習及び通信教育の開設者を含む。）は，免許状の授与，新教育領域の追加の定め（第5条の2第3項の規定による新教育領域の追加の定めをいう。）又は教育職員検定を受けようとする者から請求があつたときは，その者の学力に関する証明書を発行しなければならない。
4　免許状更新講習を行う者は，免許状の授与又は免許状の有効期間の更新を受けようとする者から請求があつたときは，その者の免許状更新講習の課程の修了又は免許状更新講習の課程の一部の履修に関する証明書を発行しなければならない。
5　第1項，第2項及び前項の証明書の様式その他必要な事項は，文部科学省

令で定める。

(授与の場合の原簿記入等)

第8条　授与権者は，免許状を授与したときは，免許状の種類，その者の氏名及び本籍地，授与の日，免許状の有効期間の満了の日その他文部科学省令で定める事項を原簿に記入しなければならない。

(効力)

第9条　普通免許状は，その授与の日の翌日から起算して10年を経過する日の属する年度の末日まで，すべての都道府県(中学校及び高等学校の教員の宗教の教科についての免許状にあつては，国立学校又は公立学校の場合を除く。次項及び第3項において同じ。)において効力を有する。

2　特別免許状は，その授与の日の翌日から起算して10年を経過する日の属する年度の末日まで，その免許状を授与した授与権者の置かれる都道府県においてのみ効力を有する。

3　臨時免許状は，その免許状を授与したときから3年間，その免許状を授与した授与権者の置かれる都道府県においてのみ効力を有する。

4　第1項の規定にかかわらず，その免許状に係る別表第1から別表第8までに規定する所要資格を得た日，第16条の2第1項に規定する教員資格認定試験に合格した日又は第16条の3第2項若しくは第17条第1項に規定する文部科学省令で定める資格を有することとなつた日の属する年度の翌年度の初日以後，同日から起算して10年を経過する日までの間に授与された普通免許状(免許状更新講習の課程を修了した後文部科学省令で定める2年以上の期間内に授与されたものを除く。)の有効期間は，当該10年を経過する日までとする。

5　普通免許状又は特別免許状を二以上有する者の当該二以上の免許状の有効期間は，第1項，第2項及び前項並びに次条第4項及び第5項の規定にかかわらず，それぞれの免許状に係るこれらの規定による有効期間の満了の日のうち最も遅い日までとする。

(有効期間の更新及び延長)

第9条の2　免許管理者は，普通免許状又は特別免許状の有効期間を，その満了の際，その免許状を有する者の申請により更新することができる。

2　前項の申請は，申請書に免許管理者が定める書類を添えて，これを免許管理者に提出してしなければならない。

3　第1項の規定による更新は，その申請をした者が当該普通免許状又は特別免許状の有効期間の満了する日までの文部科学省令で定める2年以上の期間内において免許状更新講習の課程を修了した者である場合又は知識技能その他の事項を勘案して免許状更新講習を受ける必要がないものとして文部科学省令で定めるところにより免許管理者が認めた者である場合に限り，行うものとする。

4　第1項の規定により更新された普通免許状又は特別免許状の有効期間は，更新前の有効期間の満了の日の翌日から起算して10年を経過する日の属する年度の末日までとする。

5　免許管理者は，普通免許状又は特別免許状を有する者が，次条第3項第1号に掲げる者である場合において，同条第4項の規定により免許状更新講習を受けることができないことその他文部科学省令で定めるやむを得ない事由により，その免許状の有効期間の満了の日までに免許状更新講習の課程を修了することが困難であると認めるときは，文部科学省令で定めるところにより相当の期間を定めて，その免許状の有効期間を延長するものとする。

6　免許状の有効期間の更新及び延長に関する手続その他必要な事項は，文部科学省令で定める。

（免許状更新講習）

第9条の3　免許状更新講習は，大学その他文部科学省令で定める者が，次に掲げる基準に適合することについての文部科学大臣の認定を受けて行う。

一　講習の内容が，教員の職務の遂行に必要なものとして文部科学省令で定める事項に関する最新の知識技能を修得させるための課程（その一部として行われるものを含む。）であること。

二　講習の講師が，次のいずれかに該当する者であること。

イ　文部科学大臣が第16条の3第4項の政令で定める審議会等に諮問して免許状の授与の所要資格を得させるために適当と認める課程を有する大学において，当該課程を担当する教授，准教授又は講師の職にある者

ロ　イに掲げる者に準ずるものとして文部科学省令で定める者

三　講習の課程の修了の認定（課程の一部の履修の認定を含む。）が適切に実施されるものであること。

四　その他文部科学省令で定める要件に適合するものであること。

2　前項に規定する免許状更新講習（以下単に「免許状更新講習」という。）の時間は，30時間以上とする。

3　免許状更新講習は，次に掲げる者に限り，受けることができる。

一　教育職員及び文部科学省令で定める教育の職にある者

二　教育職員に任命され，又は雇用されることとなつている者及びこれに準ずるものとして文部科学省令で定める者

4　前項の規定にかかわらず，公立学校の教員であつて教育公務員特例法（昭和24年法律第1号）第25条の2第1項に規定する指導改善研修（以下この項及び次項において単に「指導改善研修」という。）を命ぜられた者は，その指導改善研修が終了するまでの間は，免許状更新講習を受けることができない。

5　前項に規定する者の任命権者（免許管理者を除く。）は，その者に指導改善研修を命じたとき，又はその者の指導改善研修が終了したときは，速やかにその旨を免許管理者に通知しなければならない。

6　前各項に規定するもののほか，免許状更新講習に関し必要な事項は，文部

科学省令で定める。
(有効期間の更新又は延長の場合の通知等)
第9条の4　免許管理者は，普通免許状又は特別免許状の有効期間を更新し，又は延長したときは，その旨をその免許状を有する者，その者の所轄庁（免許管理者を除く。）及びその免許状を授与した授与権者（免許管理者を除く。）に通知しなければならない。
2　免許状の有効期間を更新し，若しくは延長したとき，又は前項の通知を受けたときは，その免許状を授与した授与権者は，その旨を第8条第1項の原簿に記入しなければならない。
(2種免許状を有する者の1種免許状の取得に係る努力義務)
第9条の5　教育職員で，その有する相当の免許状（主幹教諭（養護又は栄養の指導及び管理をつかさどる主幹教諭を除く。）及び指導教諭についてはその有する相当学校の教諭の免許状，養護をつかさどる主幹教諭についてはその有する養護教諭の免許状，栄養の指導及び管理をつかさどる主幹教諭についてはその有する栄養教諭の免許状，講師についてはその有する相当学校の教員の相当免許状）が2種免許状であるものは，相当の1種免許状の授与を受けるように努めなければならない。

　　　第3章　免許状の失効及び取上げ
(失効)
第10条　免許状を有する者が，次の各号のいずれかに該当する場合には，その免許状はその効力を失う。
　一　第5条第1項第3号，第4号又は第7号に該当するに至つたとき。
　二　公立学校の教員であつて懲戒免職の処分を受けたとき。
　三　公立学校の教員（地方公務員法（昭和25年法律第261号）第29条の2第1項各号に掲げる者に該当する者を除く。）であつて同法第28条第1項第1号又は第3号に該当するとして分限免職の処分を受けたとき。
2　前項の規定により免許状が失効した者は，速やかに，その免許状を免許管理者に返納しなければならない。
(取上げ)
第11条　国立学校又は私立学校の教員が，前条第1項第2号に規定する者の場合における懲戒免職の事由に相当する事由により解雇されたと認められるときは，免許管理者は，その免許状を取り上げなければならない。
2　免許状を有する者が，次の各号のいずれかに該当する場合には，免許管理者は，その免許状を取り上げなければならない。
　一　国立学校又は私立学校の教員（地方公務員法第29条の2第1項各号に掲げる者に相当する者を含む。）であつて，前条第1項第3号に規定する者の場合における同法第28条第1項第1号又は第3号に掲げる分限免職の事由に相当する事由により解雇されたと認められるとき。
　二　地方公務員法第29条の2第1項各号に掲げる者に該当する公立学校の教員であつて，前条第1項第3号に規定する者の場合における同法第28

条第1項第1号又は第3号に掲げる分限免職の事由に相当する事由により免職の処分を受けたと認められるとき。
3 免許状を有する者（教育職員以外の者に限る。）が，法令の規定に故意に違反し，又は教育職員たるにふさわしくない非行があつて，その情状が重いと認められるときは，免許管理者は，その免許状を取り上げることができる。
4 前3項の規定により免許状取上げの処分を行つたときは，免許管理者は，その旨を直ちにその者に通知しなければならない。この場合において，当該免許状は，その通知を受けた日に効力を失うものとする。
5 前条第二項の規定は，前項の規定により免許状が失効した者について準用する。

（報告）
第14条の2 学校法人は，その設置する私立学校の教員について，第5条第1項第3号，第4号若しくは第7号に該当すると認めたとき，又は当該教員を解雇した場合において，当該解雇の事由が第11条第1項若しくは第2項第1号に定める事由に該当すると思料するときは，速やかにその旨を所轄庁に報告しなければならない。

第4章 雑 則

（免許状授与の特例）
第16条の2 普通免許状は，第5条第1項の規定によるほか，普通免許状の種類に応じて文部科学大臣又は文部科学大臣が委嘱する大学の行なう試験（以下「教員資格認定試験」という。）に合格した者で同項各号に該当しないものに授与する。
2 教員資格認定試験に合格した日の翌日から起算して10年を経過する日の属する年度の末日を経過した者については，前項の規定にかかわらず，その者が免許状更新講習の課程を修了した後文部科学省令で定める2年以上の期間内にある場合に限り，普通免許状を授与する。

（中学校等の教員の特例）
第16条の3 中学校教諭又は高等学校教諭の普通免許状は，それぞれ第4条第5項第1号又は第2号に掲げる教科のほか，これらの学校における教育内容の変化並びに生徒の進路及び特性その他の事情を考慮して文部科学省令で定める教科について授与することができる。

第16条の5 中学校又は高等学校の教諭の免許状を有する者は，第3条第1項から第3項までの規定にかかわらず，それぞれその免許状に係る教科に相当する教科その他教科に関する事項で文部科学省令で定めるものの教授又は実習を担任する小学校の主幹教諭，指導教諭，教諭若しくは講師又は特別支援学校の小学部の主幹教諭，指導教諭，教諭若しくは講師となることができる。ただし，特別支援学校の小学部の主幹教諭，指導教諭，教諭又は講師となる場合は，特別支援学校の教員の免許状を有する者でなければならない。
2 工芸，書道，看護，情報，農業，工業，商業，水産，福祉若しくは商船又は看護実習，情報実習，農業実習，工業実習，商業実習，水産実習，福祉実

習若しくは商船実習の教科又は前条第1項に規定する文部科学省令で定める教科の領域の一部に係る事項について高等学校の教諭の免許状を有する者は，第3条の規定にかかわらず，それぞれその免許状に係る教科に相当する教科その他教科に関する事項で文部科学省令で定めるものの教授又は実習を担任する中学校若しくは中等教育学校の前期課程の主幹教諭，指導教諭，教諭若しくは講師又は特別支援学校の中学部の主幹教諭，指導教諭，教諭若しくは講師となることができる。ただし，特別支援学校の中学部の主幹教諭，指導教諭，教諭又は講師となる場合は，特別支援学校の教員の免許状を有する者でなければならない。

第17条の2　特別支援学校において自立活動の教授を担任するために必要な第4条の2第2項に規定する普通免許状又は同条第3項に規定する特別免許状を有する者は，第3条第1項及び第2項並びに第4条第2項及び第3項の規定にかかわらず，学校教育法第81条第2項及び第3項に規定する特別支援学級において，これらの免許状に係る障害の種類に応じた自立活動の教授を担任する主幹教諭，指導教諭，教諭又は講師となることができる。

第17条の3　特別支援学校の教諭の普通免許状のほか，幼稚園，小学校，中学校又は高等学校のいずれかの学校の教諭の普通免許状を有する者は，第3条第1項から第3項までの規定にかかわらず，特別支援学校において自立教科等以外の教科（幼稚部にあつては，自立教科等以外の事項）の教授又は実習（専ら知的障害者に対するものに限る。）を担任する主幹教諭，指導教諭，教諭又は講師となることができる。

　　　　　第5章　罰　則
第21条　次の各号のいずれかに該当する場合には，その行為をした者は，1年以下の懲役又は五十万円以下の罰金に処する。
　一　第5条第1項，第3項若しくは第6項，第5条の2第2項若しくは第3項又は第6条第1項から第3項までの規定に違反して，免許状を授与し，若しくは特別支援教育領域を定め，又は教育職員検定を行つたとき。
　二　第7条第1項又は第2項の請求があつた場合に，虚偽の証明書を発行したとき。

別表第1 (第5条, 第5条の2関係)

第1欄		第2欄	第3欄			
免許状の種類	所要資格	基礎資格	大学において修得することを必要とする最低単位数			
			教科に関する科目	教職に関する科目	教科又は教職に関する科目	特別支援教育に関する科目
幼稚園教諭	専修免許状	修士の学位を有すること。	6	35	34	
	一種免許状	学士の学位を有すること。	6	35	10	
	二種免許状	短期大学士の学位を有すること。	4	27		
小学校教諭	専修免許状	修士の学位を有すること。	8	41	34	
	一種免許状	学士の学位を有すること。	8	41	10	
	二種免許状	短期大学士の学位を有すること。	4	31	2	
中学校教諭	専修免許状	修士の学位を有すること。	20	31	32	
	一種免許状	学士の学位を有すること。	20	31	8	
	二種免許状	短期大学士の学位を有すること。	10	21	4	
高等学校教諭	専修免許状	修士の学位を有すること。	20	23	40	
	一種免許状	学士の学位を有すること。	20	23	16	
特別支援学校教諭	専修免許状	修士の学位を有すること及び小学校, 中学校, 高等学校又は幼稚園の教諭の普通免許状を有すること。				50
	一種免許状	学士の学位を有すること及び小学校, 中学校, 高等学校又は幼稚園の教諭の普通免許状を有すること。				26
	二種免許状	小学校, 中学校, 高等学校又は幼稚園の教諭の普通免許状を有すること。				16

別表第 2 （第 5 条関係）

第 1 欄		第 2 欄	第 3 欄		
免許状の種類	所要資格	基礎資格	大学又は文部科学大臣の指定する養護教諭養成機関において修得することを必要とする最低単位数		
			養護に関する科目	教職に関する科目	養護又は教職に関する科目
養護教諭	専修免許状	修士の学位を有すること。	28	21	31
	一種免許状	イ　学士の学位を有すること。	28	21	7
		ロ　保健師助産師看護師法第七条の規定により保健師の免許を受け，文部科学大臣の指定する養護教諭養成機関に半年以上在学すること。	4	8	
		ハ　保健師助産師看護師法第七条の規定により看護師の免許を受け，文部科学大臣の指定する養護教諭養成機関に一年以上在学すること。	12	10	
	二種免許状	イ　短期大学士の学位を有すること又は文部科学大臣の指定する養護教諭養成機関を卒業すること。	24	14	4
		ロ　保健師助産師看護師法第七条の規定により保健師の免許を受けていること。			
		ハ　保健師助産師看護師法第五十一条第一項の規定に該当すること又は同条第三項の規定により免許を受けていること。			

別表第 2 の二　（第 5 条関係）

第 1 欄		第 2 欄	第 3 欄		
免許状の種類	所要資格	基礎資格	大学において修得することを必要とする最低単位数		
			栄養に係る教育に関する科目	教職に関する科目	栄養に係る教育又は教職に関する科目
栄養教諭	専修免許状	修士の学位を有すること及び栄養士法第二条第三項の規定により管理栄養士の免許を受けていること。	4	18	24
	一種免許状	学士の学位を有すること，かつ，栄養士法第二条第三項の規定により管理栄養士の免許を受けていること又は同法第五条の三第四号の規定により指定された管理栄養士養成施設の課程を修了し，同法第二条第一項の規定により栄養士の免許を受けていること。	4	18	7
	二種免許状	短期大学士の学位を有すること及び栄養士法第二条第一項の規定により栄養士の免許を受けていること。	2	12	4

教員免許状取得に必要な科目の内訳〔中学校教諭一種免許状（社会）の場合〕

区分	細目
○教科に関する科目 右記の科目についてそれぞれ1単位以上合計20単位以上修得	・日本史及び外国史 ・地理学（地誌を含む） ・「法律学，政治学」 ・「社会学，経済学」 ・「哲学，倫理学，宗教学」
○教職に関する科目 右記の科目について合計31単位以上修得	・教職の意義等に関する科目　　　　　　　2単位 　（教職の意義及び教員の役割，職務内容等） ・教育の基礎理論に関する科目　　　　　　6単位 　（教育の理念，教育に関する歴史及び思想，児童等の心身の発達及び学習の過程，教育に関する制度的事項等） ・教育課程及び指導法に関する科目　　　　12単位 　（教育課程の意義及び編成の方法，各教科の指導法，道徳の指導法，特別活動の指導法，教育の方法及び技術） ・生徒指導，教育相談及び進路指導等に関する科目 　　　　　　　　　　　　　　　　　　　　4単位 　（生徒指導・教育相談（カウンセリングをを含む）・進路指導の理論及び方法） ・総合演習　　　　　　　　　　　　　　　2単位 ・教育実習　　　　　　　　　　　　　　　5単位
○教科又は教職に関する科目 上記の教科に関する科目又は教職に関する科目について8単位以上修得	
○その他の科目 右記の科目について各2単位以上修得	日本国憲法 ・体育 ・外国語コミュニケーション ・情報機器の操作
○介護等体験	小学校又は中学校の免許状を取得するためには社会福祉施設等における7日間以上の介護等の体験が必要

※平成21年4月1日の教育職員免許法施行規則の改正により，従来，教員免許取得のための「教職に関する科目」であった「総合演習」に代わり，「教職実践演習」の修得が必要となった。

これにより，平成22年4月1日以降の入学生からは新課程が適用され，「教職実践演習」の修得が必要となる。

14　今後の教員養成・免許制度の在り方について（答申の概要）
（2006〔平成18〕年7月11日　中央教育審議会答申）

はじめに

これからの社会の進展や将来の学校教育の姿を展望しつつ，今後の教員養成・免許制度の在り方について幅広く検討することが重要であり，当面，①教員養成における専門職大学院の在り方について，②教員免許制度の改革，とりわけ教員免許制度更新制の導入について，の2点について検討する必要があるとされた。

本答申は，今後の我が国の教員養成・免許制度の改革の基本的方向を明示しつつ，それを実現するための方策として，上記①及び②はもとより，教職課程の質的水準の向上や採用，研修及び人事管理等の改善・充実等，教員の資質能力の向上を図るための総合的な方策についてとりまとめたものである。

I　教員養成・免許制度の改革の基本的な考え方

2　教員に求められる資質能力

○平成9年の教育職員養成審議会（以下「教養審」という。）第一次答申等においては，いつの時代にも求められる資質能力と，変化の激しい時代にあって，子どもたちに［生きる力］を育む観点から，今後特に求められる資質能力等について，それぞれ以下のように示している。

①いつの時代にも求められる資質能力

　教育者としての使命感，人間の成長・発達についての深い理解，幼児・児童・生徒に対する教育的愛情，教科等に関する専門的知識，広く豊かな教養，これらを基盤とした実践的指導力等

②今後特に求められる資質能力

　地球的視野に立って行動するための資質能力（地球，国家，人間等に関する適切な理解，豊かな人間性，国際社会で必要とされる基本的資質能力），変化の時代を生きる社会人に求められる資質能力（課題探求能力等にあげるもの，人間関係にあげるもの，社会の変化に適応するための知識及び技術），教員の職務から必然的に求められる資質能力（幼児・児童・生徒や教育の在り方に関する適切な理解，教職に対する愛着，誇り，一体感，教科指導，生徒指導等のための知識，技能及び態度）

③得意分野を持つ個性豊かな教員

　画一的な教員像を求めることは避け，生涯にわたり資質能力の向上を図るという前提に立って，全教員に共通に求められる基礎的・基本的な資質能力を確保するとともに，積極的に各人の得意分野づくりや個性の伸長を図ることが大切であること

○また，平成17年10月の中央教育審議会答申「新しい時代の義務教育を創造する」においては，優れた教師の条件について，大きく集約すると以下の3つの要素が重要であるとしている。

①教職に対する強い情熱

　教師の仕事に対する使命感や誇り，

子どもに対する愛情や責任感など
②教育の専門家としての確かな力量
　　子ども理解力，児童・生徒指導力，集団指導の力，学級づくりの力，学習指導・授業づくりの力，教材解釈の力など
③総合的な人間力
　　豊かな人間性や社会性，常識と教養，礼儀作法をはじめ対人関係能力，コミュニケーション能力などの人格的資質，教職員全体と同僚として協力していくこと

3　教員養成・免許制度の改革の重要性
　現在，教員に最も求められていることは，広く国民や社会から尊敬と信頼を得られる存在となることである。このためには，養成，採用，現職研修等の改革を総合的に進めることが必要であるが，とりわけ教員養成・免許制度の改革は，他の改革の前提となるものであり，重要である。

4　教員養成・免許制度の現状と課題
①教員養成に対する明確な理念の追求・確立がなされていない大学があるなど，学生に身に付けさせるべき資質能力についての理解が十分でないこと。
②教職課程が専門職業人たる教員の養成を目的とするという認識が，大学教員の間に共有されていないため，教職課程の組織編成やカリキュラム編成が，十分整備されていないこと。
③学校現場が抱える課題に十分対応した授業ではない，指導方法が講義中心，教職経験者が授業に当たっている例も少ないなど，実践的指導力の育成が十分でないこと。
　　特に修士課程に，これらの課題が見られること。

5　教員養成・免許制度の改革の方向
　「大学における教員養成」及び「開放制の教員養成」の原則を尊重しつつ，現在を我が国の教員養成の大きな転換期ととらえ，以下の方向で改革を推進することが重要である。
①大学の教職課程を，教員として最小限必要な資質能力を確実に身に付けさせるものに改革する。
②教員免許状を，教職生活の全体を通じて，教員として最小限必要な資質能力を確実に保証するものに改革する。

Ⅱ　教員養成・免許制度の改革の具体的方策
　1　教職課程の質的水準の向上
(1)基本的な考え方
○学部段階の教職課程が，教員として必要な資質能力を確実に身に付けさせるものとなるために，大学自身の教職課程の改善・充実に向けた主体的な取組が重要である。
○今後は，課程認定大学のすべての教員が教員養成に携わっているという自覚を持ち，各大学の教員養成に対する理念等に基づき指導を行うことにより，大学全体としての組織的な指導体制を整備することが重要である。
(2)「教職実践演習（仮称）」の新設・必修化
○今後，教職課程の履修を通じて，教員として最小限必要な資質能力の全体について，確実に身に付けさせるとともに，その資質能力の全体を明示的に確認するため，教職課程の中に，新た

な必修科目（「教職実践演習（仮称）」）を設定することが適当である。
○当該科目には，教員として求められる事項（①使命感や責任感，教育的愛情等に関する事項②社会性や対人関係能力に関する事項③幼児児童生徒理解や学級経営に関する事項④教科・保育内容等の指導力に関する事項）を含めることが適当である。
○役割演技（ロールプレーイング）やグループ討議，事例研究，模擬授業等により実施することや，教科に関する科目と教職に関する科目の担当教員が，共同して実施に責任を持つこと，学生の状況等に応じて，個別に補完的な指導を行うこと，全ての科目を履修済み，あるいは履修見込みの時期に設定するなど，履修方法等を工夫することが必要である。
○最低修得単位数は2単位程度が適当である。科目区分は，現行の科目区分とは異なる新たな区分（「教職総合実践に関する科目（仮称）」）を設けることが適当である。

(3)教育実習の改善・充実
○大学は，教育実習の全般にわたり，学校や教育委員会と連携して，責任を持って指導に当たることが重要である。
○実習内容については，個々の学生の履修履歴等に応じて，内容の重点化も考慮する。その場合でも，十分な授業実習の機会の確保に努めることが必要である。
○大学の教員と実習校の教員が連携して指導に当たる機会を積極的に取り入れること，また，実習校においては，複数の教員が協力して指導に当たることが必要である。
○大学は，教育実習の円滑な実施に努めることを，法令上明確にすることが必要である。教育実習の履修に際して満たすべき到達目標をより明確に示すとともに，事前に学生の能力や適性，意欲等を適切に確認することが必要である。教育実習に出さないという対応や，実習の中止も含め，適切な対応に努めることが必要である。
○いわゆる母校実習については，できるだけ避ける方向で，見直しを行うことが適当である。
○各都道府県ごとに，教育実習連絡協議会を設置し，実習内容等について共通理解を図るとともに，実習生を円滑に受け入れていく具体的な仕組みについて検討する。

(4)「教職指導」の充実
○学生が主体的に教員として必要な資質能力を統合・形成していくことができるよう，今後は，どの大学においても，教職指導の充実に努めることが必要である。法令上も，教職指導の実施を明確化する。
○学生が教職課程の履修を円滑に行うことができるよう，入学時のガイダンスを工夫するとともに，履修期間中のアドバイス機能を充実することが必要である。
○同学年や異学年の学生による集団学習の機会を充実するとともに，インターンシップや，子どもとの触れ合いの機

会，現職教員との意見交換の機会等を積極的に提供することが必要である。
(5) 教員養成カリキュラム委員会の機能の充実・強化
　○教職課程の運営や教職指導を全学的に責任を持って行う体制を構築するため，教員養成カリキュラム委員会（平成9年の教養審第一次答申等で提言）の機能の充実・強化を図ることが必要である。
　○学校現場や社会のニーズを取り入れた教職課程の改善を不断に行っていくシステムを構築することが必要である。
(6) 教職課程に係る事後評価機能や認定審査の充実
　○大学の教職課程について，専門的な見地から事後評価を行い，問題が認められた場合には，是正勧告や認定取り消し等を可能とするような仕組みを整備することが必要である。
　○引き続き，各大学の自己点検・評価や学外者による検証を促進することが必要である。
　○教職課程の認定に係る審査の充実を図るとともに，実地視察の一層の充実や課程認定委員会の体制整備を図ることが必要である。
　　2　「教職大学院」制度の創設
(1)「教職大学院」制度の創設の基本的な考え方
　①「教職大学院」制度の必要性及び意義
　　○様々な専門的職種や領域において，大学院段階で養成されるより高度な専門的職業能力を備えた人材が求められていることを踏まえ，教員養成の分野についても，専門職大学院制度を活用した教員養成教育の改善・充実を図るため，教員養成に特化した専門職大学院としての枠組み（「教職大学院」制度）を創設することが必要である。
　　○力量ある教員の養成のためのモデルを制度的に提示することにより，学部段階をはじめとする教員養成に対してより効果的な教員養成のための取組を促すことが期待される。
　②主な目的・機能
　　○教職大学院は当面，次の2つの目的・機能とする。
　　　ⅰ）学部段階での資質能力を修得した者の中から，さらにより実践的な指導力・展開力を備え，新しい学校づくりの有力な一員となり得る新人教員の養成
　　　ⅱ）現職教員を対象に，地域や学校における指導的役割を果たし得る教員等として不可欠な確かな指導理論と優れた実践力・応用力を備えたスクールリーダー（中核的中堅教員）の養成
　　○これ以外の幅広く教員の資質能力の向上に関連する目的・機能については，各大学の主体的な検討により，一般の専門職大学院としての設置も含め，先導的・意欲的な取組が期待される。
(3) 具体的な制度設計（主として設置基準に関連する事項について）
　①課程の目的
　　○「専ら教員の養成又は研修のための

教育を行うことを目的とする」などの共通的な目的規定を整理することが適当である。
② 標準修業年限
　○一般の専門職大学院と同様，2年とすることが適当である。
③ 修了要件
　○必要修得単位数は，45単位以上とすることが適当である。そのうち10単位以上は学校における実習によることとし，10単位の範囲内で，大学の判断により，教職経験をもって当該実習とみなすことができるようにすることが適当である。
④ 入学者選抜
　○各教職大学院の責任において，入学者受入方針（アドミッション・ポリシー）を明確にし，将来の中核的・指導的な教員に相応しい資質能力を適確に判断し得るような工夫等を行うことが重要である。
⑤ 教育課程
　○理論と実践の融合を強く意識した体系的な教育課程を編成すべきことを明確にすることが必要である。
　○具体的には，ⅰ）教育課程の編成・実施に関する領域，ⅱ）教科等の実践的な指導方法に関する領域，ⅲ）生徒指導，教育相談に関する領域，ⅳ）学級経営，学校経営に関する領域，ⅴ）学校教育と教育の在り方に関する領域のすべての領域にわたり授業科目を開設することが適当である。

⑥ 教育方法・授業形態
　○少人数で密度の濃い授業を基本としつつ，理論と実践との融合を強く意識した事例研究，模擬授業，授業観察・分析等の教育方法を積極的に開発・導入することが必要である。
⑦ 履修形態
　○現職教員が職務に従事しながら履修できるよう，昼夜開講制，夜間大学院など，弾力的な履修形態を可能とすることが適当である。
⑧ 教員免許状を保有しないで入学する学生の扱い
　○教職大学院在学中に所定履修単位のほか，一種免許状の取得に必要な所要単位を修得することが必要である。学部での開設科目の履修のほか，教職特別課程（教職に関する科目の単位を修得させるために大学が設置する修業年限を一年とする課程）での履修も可能である。
⑨ 教員組織
　○最低限必要な専任教員数は11人とするとともに，うち実務家教員の比率はおおむね4割以上とすることが適当である。実務家教員の範囲は，学校教育関係者・経験者を中心に想定されるが，医療機関や福祉施設など教育隣接分野の関係者，民間企業関係者など，幅広く考えられる。
　○実務家教員の要件は，一定の勤務経験を有することにより優れた教育実践を有する者であるとともに，高度の教育上の指導能力を有すると認められる者とすることが必要である。

⑩連携学校等
　○附属学校の積極的活用は当然の前提としつつ、附属学校以外の一般校の中から、連携協力校を設定することを義務付けることが適当である。
⑪大学院の形態
　○連合大学院制度や連携大学院制度などの仕組みを活用することが考えられる。また、従来とは異なる新しい教育方法が中心に展開されることから、いわゆる通信制の課程は想定されない。
⑫学位の種類
　○「教職修士（専門職）」等の専門職学位を学位規則において定めることが適当である。
⑬認証評価等
　○中核的・指導的な教員の養成・研修の場としての水準の維持・向上を図るため、大学としての自己点検・評価や認証評価が重要である。大学関係者、学校関係者、地方教育行政担当者等による認証評価機関を創設し、不断の改善を促すシステムを構築する。

(4)その他（設置基準以外の関連事項等について）
　○教職大学院の整備に当たっては、各大学の主体的な設置構想の検討が前提となるが、国立大学については、特に優れた実績を有し、意欲的で、真に他大学のモデルとなる設置構想と計画を実現し得る大学から整備を行うことが必要である。
　○修了者に授与する教員免許状の種類については、現行の専修免許状とすることが適当である。
　○任命権者の判断により、初任者研修の全部又は一部を免除することができることとすることが適当である。
　○修了者の給与面の処遇については、修了者の実績等を勘案しつつ、各任命権において検討していく。新人教員の採用についても、都道府県教育委員会等の責任で適切に検討することが期待される。

3　教員免許更新制の導入
(1)導入の基本的な考え方
①導入の必要性及び意義
　○教員として必要な資質能力は、本来的に、時代の進展に応じて更新が図られるべき性格を有しており、教員免許制度を恒常的に変化する教員として必要な資質能力を担保する制度として、再構築することが必要である。
　○教員免許状に一定の有効期限を付し、その時々で求められる教員として必要な資質能力が保持されるよう、必要な刷新（リニューアル）を行うことが必要であり、このため、教員免許更新制の導入が必要である。
　○更新制導入の意義としては、すべての教員が必要な資質能力を確実に修得することで、公教育の改善・充実と信頼の確立。また、専門性向上の促進も期待される。
②更新制の基本的性格
　○更新制は、いわゆる不適格教員の排除を直接の目的とするものではなく、

○教員が，更新後の10年間を保証された状態で，自信と誇りを持って教壇に立ち，社会の尊敬と信頼を得ていくという前向きな制度である。
○免許更新講習の受講により，教員としての専門性の向上も期待される。また，講習を修了できない者は，免許状は失効するため，問題のある者は教壇に立つことがないようにするという効果が期待される。
○更新制を導入し，専門性の向上や適格性の確保にあげる他の教員政策と一体的に推進することは，教員全体の資質能力の向上に寄与するとともに，教員に対する信頼を確立する上で，大きな意義がある。

(2)具体的な制度設計
① 基本的な考え方
○更新の要件は，必要最小限のものとし，客観性を担保するとともに，更新のための負担も合理的な範囲内のものとすることが必要である。
② 教員免許状の有効期限
○一律に10年間とすることが適当である。
③ 更新の要件と免許更新の実施主体
○教員免許状の有効期限内に，免許更新講習を受講し，修了の認定を受けることとすることが適当である。免許の更新は，免許管理者である都道府県教育委員会が行うこととすることが適当である。
④ 免許更新講習の在り方
　ⅰ）講習の開設主体と国による認定
○課程認定大学のほか，大学の関与や大学との連携協力のもとに都道府県教育委員会等も開設可能とする。一定水準が維持されるよう，あらかじめ国が認定基準を定めて認定するとともに，認定後も定期的にチェックを行うことが必要である。
　ⅱ）講習内容と修了の認定
○講習内容については，
・教職実践演習（仮称）に含めることが必要な事項と同様の内容を含むものであること
・その時々で求められる教員として必要な資質能力に確実に刷新（リニューアル）する内容を含むものであることが必要である。また，学校種や教科種にあげらず，およそ教員として共通に求められる内容を中心とすることが適当である。
○修了の認定は，あらかじめ修了目標を定め，受講者の資質能力を適切に判定した上で，修了の可否を決定することが適当である。
　ⅲ）受講時期と講習時間
○有効期限の満了前の直近2年間程度の間に，最低30時間程度，受講することが適当である。
　ⅳ）講習の受講の免除等
○教員としての研修実績や勤務実績等が講習に代替しうるものと評価できる場合には，受講の一部又は全部の免除を可能とすることが適当である。
⑤ 教員免許状の失効と再授与の在り方
○更新の要件を満たさない場合，教員

免許状は更新されず，失効する。ただし，免許更新講習と同様の講習（回復講習）を受講・修了すれば，再授与の申請を可能とすることが適当である。
⑥教員免許状の種類ごとの更新制の取扱い
　○更新制は，すべての普通免許状に，同等に適用することが適当である。
⑦複数の教員免許状を有する者の取扱い
　○複数免許状の保有者については，原則として，一の免許状について更新の要件を満たせば，他の免許状の更新も可能とすることが適当である。
⑧教員となる者及びペーパーティーチャーの取扱い
　○更新制は，制度導入後に教員となる者を主たる対象者として想定した制度である。ペーパーティーチャーは，免許状の再取得が必要となった時点で，回復講習を受講・修了することが必要である。
(3)現職教員を含む現に教員免許状を有する者への適用
　①適用についての基本的な考え方
　　○現に教員免許状を有する者についても，一定期間（10年間）ごとに免許更新講習と同様の講習（定期講習）の受講を法的に義務付け，当該講習を修了しない場合は，免許状が失効することとすることは，必要性と合理性があり，更新制の基本的な枠組みを適用することが適当である。
　②現職教員及びペーパーティーチャーの取扱い
　　○現職教員は，定期講習を受講・修了しなければ，免許状が失効し，失職となることから，10年ごとに定期講習を受講・修了することが必要である。
　　○ペーパーティーチャーは，免許状の再取得が必要となった時点で，回復講習を受講・修了することが必要である。
(4)更新制等の円滑な実施のために
　○現職教員が計画的に定期講習を受講できるよう諸準備を進めるとともに，「免許管理システム」の整備を速やかに行うことが必要である。

4　教員養成・免許制度に関する　　その他の改善方策

○小学校の教員養成について，教員養成を主たる目的とする学科等以外の学科等においても，可能とすること等について，検討する。
○我が国の教員養成システムを，将来的に大学院修士レベルまで含めた養成へとシフトしていくことについては，今後の課題として，検討する。
○上進制度について，免許法別表第三の「良好な成績で勤務」の評価がより適切に行われるよう，適切な運用に努めることが必要である。
○二種免許状を保有する教員に係るいわゆる12年指定制度については，今後は，幼稚園の教員も対象とすることが適当である。
○二種免許状については，当面は存続させることが適当である。ただし，一種免許状の早期取得が強く求められている近年の状況等も踏まえ，引き続き検討課題と

することが適当である。
○分限免職処分を受けた者について，明らかに教員としての資質能力に問題がある場合には，免許状の取上げを可能とすることが適当である。

5 採用，研修及び人事管理等の改善・充実

○中長期的な視点から退職者数の推移等を分析・把握して，計画的な採用・人事を行うことが重要である。採用スケジュールの早期化，受験年齢制限の緩和・撤廃，社会人経験者の登用促進等，多様な人材登用のための一層の改善・工夫が必要である。
○10年経験者研修は，法定研修として引き続き存続させるものの，更なる指導力の向上や，得意分野づくりに重点を置いた研修としての性格を明確にするとともに，実施時期や研修内容を柔軟化の方向で見直すことが必要である。
○問題のある教員が教壇に立つことのないよう，引き続き，条件附採用期間制度の厳格な運用や，指導力不足教員に対する人事管理システムの活用による分限制度の厳格な適用等に努める。
○新しい教員評価システムの構築を一層推進するとともに，評価の結果を任用や給与上の措置などの処遇に適切に反映することが重要である。

15 教職生活の全体を通じた教員の資質能力の総合的な向上方策について（答申の概要）

（2012〔平成24〕年8月28日　中央教育審議会答申）

Ⅰ．現状と課題

○グローバル化や情報化，少子高齢化など社会の急激な変化に伴い，高度化・複雑化する諸課題への対応が必要となっており，学校教育において，求められる人材育成像の変化への対応が必要である。
○これに伴い，21世紀を生き抜くための力を育成するため，これからの学校は，基礎的・基本的な知識・技能の習得に加え，思考力・判断力・表現力等の育成や学習意欲の向上，多様な人間関係を結んでいく力の育成等を重視する必要がある。これらは，様々な言語活動や協働的な学習活動等を通じて効果的に育まれることに留意する必要がある。
○今後は，このような新たな学びを支える教員の養成と，学び続ける教員像の確立が求められている。
○一方，いじめ・暴力行為・不登校等への対応，特別支援教育の充実，ICTの活用など，諸課題への対応も必要となっている。
○これらを踏まえ，教育委員会と大学との連携・協働により，教職生活全

体を通じて学び続ける教員を継続的に支援するための一体的な改革を行う必要がある。

2. これからの教員に求められる資質能力
○これからの社会で求められる人材像を踏まえた教育の展開，学校現場の諸課題への対応を図るためには，社会からの尊敬・信頼を受ける教員，思考力・判断力・表現力等を育成する実践的指導力を有する教員，困難な課題に同僚と協働し，地域と連携して対応する教員が必要である。

○また，教職生活全体を通じて，実践的指導力等を高めるとともに，社会の急速な進展の中で，知識・技能の絶えざる刷新が必要であることから，教員が探究力を持ち，学び続ける存在であることが不可欠である（「学び続ける教員像」の確立）。

○上記を踏まえると，これからの教員に求められる資質能力は以下のように整理される。これらは，それぞれ独立して存在するのではなく，省察する中で相互に関連し合いながら形成されることに留意する必要がある。
（ⅰ）教職に対する責任感，探究力，教職生活全体を通じて自主的に学び続ける力（使命感や責任感，教育的愛情）
（ⅱ）専門職としての高度な知識・技能
・教科や教職に関する高度な専門的知識（グローバル化，情報化，特別支援教育その他の新たな課題に対応できる知識・技能を含む）
・新たな学びを展開できる実践的指導力（基礎的・基本的な知識・技能の習得に加えて思考力・判断力・表現力等を育成するため，知識・技能を活用する学習活動や課題探究型の学習，協働的学びなどをデザインできる指導力）
・教科指導，生徒指導，学級経営等を的確に実践できる力
（ⅲ）総合的な人間力（豊かな人間性や社会性，コミュニケーション力，同僚とチームで対応する力，地域や社会の多様な組織等と連携・協働できる力）

3. 取り組むべき課題
○今後，このような資質能力を有する，新たな学びを支える教員を養成するとともに，「学び続ける教員像」の確立が必要である。

○特に，教科や教職に関する高度な専門的知識や，新たな学びを展開できる実践的指導力を育成するためには，教科や教職についての基礎・基本を踏まえた理論と実践の往還による教員養成の高度化が必要である。

○さらに，教員は，教職生活全体を通じて，実践的指導力等を高めるとともに，社会の急速な進展の中で知識・技能が陳腐化しないよう絶えざる刷新が必要であり，「学び続ける教員像」を確立する必要がある。このような教員の姿は，子どもたちの模範ともなる。

○大学での養成と教育委員会による研修は分断されており，教員が大学卒業後も学びを継続する体制が不十分である。

このため，教員が教職生活全体にわたって学びを継続する意欲を持ち続けるための仕組みを構築する必要がある。
○優れた教員の養成，研修や確保は，大学や学校の中だけで行うのではなく，学校支援にあげる関係者をはじめとする広く社会全体の力を結集して取り組んでいくことも必要である。
○以上のことを踏まえ，教育委員会と大学との連携・協働により，教職生活全体を通じて学び続ける教員を継続的に支援するための一体的な改革を行う必要がある。

Ⅱ．改革の方向性

○教員になる前の教育は大学，教員になった後の研修は教育委員会という，断絶した役割分担から脱却し，教育委員会と大学との連携・協働により教職生活全体を通じた一体的な改革，学び続ける教員を支援する仕組みを構築する必要がある。

○教職生活全体を通じた一体的な改革，学び続ける教員を支援する仕組みづくりを進める際の視点は以下のとおりである。
・教員としての専門性の基盤となる資質能力を確実に身に付けさせるため，教育委員会と大学との連携・協働により，教員養成の高度化・実質化を推進する。
・学び続ける教員を支援するため，大学の知を活用した現職研修の充実を図るとともに，生涯にわたり教員の資質能力向上を可視化する仕組みを構築する。
・教員に多様な人材を求めるため，様々な分野から適性のある優秀な人材の参入を促進する仕組みを工夫する。
・教員免許状が真に教員を志望する者に授与されるような仕組みを検討する。
・教育委員会と大学との連携・協働を進めるに当たっては，地域の国公私立大学のコンソーシアムの活用などによる幅広い連携・協働体制の構築の視点にも留意する。

1. 教員養成の改革の方向性

○教員養成を修士レベル化し，教員を高度専門職業人として明確に位置付ける。
○今後，詳細な制度設計に際し，支援措置，学校種，設置形態等に留意する。

○上記のような現状と課題がある中で，教職大学院は教育委員会・学校と大学との連携・協働の中で，今後の教員養成のモデルとなるべき実践例を示しつつある。
○教職大学院における取組は，なお改革すべき点もあるものの，高度専門職としての教員の育成システムを確立する上でのモデルを提供していることは疑いのないところである。こうした状況を考えると，学部を中心とした教員養成の上に，学校での実践と任命権者による研修で実践的な指導力を身に付けるといった，従来の方法を超えて，大学院レベルで大学と教育委員会が連携・協働しながら理論と実践の往還により教員養成を行う方策を検討する必要がある。
○今後，こうした改革のモデルも参考と

しながら，以下のような観点から修士レベルでの学びを教職生活全体の中に組み込んでいくことが，時代の変化に対応した教員の資質能力向上において望ましいと考えられる。
○いじめ・暴力行為・不登校等生徒指導上の諸課題への対応，特別支援教育の充実，外国人児童生徒への対応，ICTの活用の要請をはじめ学校現場における課題が高度化・複雑化しており，初任段階の教員がこれらの課題などに十分対応できず困難を抱えていることが指摘されている。このため，初任の段階で教科指導，生徒指導，学級経営等の職務を的確に実践でき，チームで課題に対応できる力を育成することが求められている。
○グローバル化や少子高齢化など社会の急激な変化に伴う，求められる人材像，学校教育に求められる役割や内容の変化を踏まえ，授業の実施方法を含む教育のスタイル自体を変えていくことが求められている。基礎的・基本的な知識・技能の習得に加えてこれらを活用して課題の解決を図る力など学習指導要領においてねらいとされている力を育成するためには，「Ⅰ．現状と課題」で述べたような新たな学びに対応した新たな授業スタイルや教育方法が開発され，学生や現職教員にしっかりと伝えられていくことが必要である。
○そのような学習形態を前提とすると，教員養成については，学部における能動的な学修等により，基礎的・基本的な知識・技能や汎用的能力を身に付けた上で，大学院レベルで自ら課題を設定し，学校現場における実践とその省察を通じて，解決に向けた探究的活動を行うという学びを教員自身が経験した上で，新たな学びを支える指導法を身に付ける必要がある。
○我が国においては，大学進学率の上昇により，高等教育のユニバーサル化の時代となっているが，欧米諸国では，修士号以上の学位取得者が社会のマネジメント層の相当部分を占める状況となっていることに加え，フィンランドやフランスなどでは教員養成を修士レベルで行い，専門性の向上を図る例が見られるところである。今後，グローバル化が急激な勢いで更に進展し，国境を越えた人材の流動性が高まることが予想される中で，我が国の高学歴化も今後更に進展することが見込まれる。
○以上を踏まえ，教員の高度専門職業人としての位置付けを確立するため，教員養成を修士レベル化することが必要である。

2. 教員免許制度の改革の方向性
（「一般免許状（仮称）」，「基礎免許状（仮称）」の創設）
○探究力，学び続ける力，教科や教職に関する高度な専門的知識，新たな学びを展開できる実践的指導力，コミュニケーション力等を保証する，標準的な免許状である「一般免許状（仮称）」を創設する。また，当面は，教職への使命感と教育的愛情，教科に関する専門的な知識・技能，教職に関する基礎的な知識・技能を保証

する「基礎免許状（仮称）」も併せて創設する。
○「一般免許状（仮称）」は学部4年に加え，1年から2年程度の修士レベルの課程での学修を標準とし，「基礎免許状（仮称）」は，学士課程修了レベルとする。

（「専門免許状（仮称）」の創設）
○特定分野に関し，実践の積み重ねによる更なる探究により，高い専門性を身に付けたことを証明する「専門免許状（仮称）」を創設する（分野は，学校経営，生徒指導，進路指導，教科指導（教科ごと），特別支援教育，外国人児童生徒教育，情報教育等）。
○多様な人材の登用を促進する。
○教員免許更新制は，詳細な制度設計の際に更に検討を行うことが必要である。
○今後，詳細な制度設計を行う際には，スクラップ・アンド・ビルドの観点に立ち，検討する。また，国公私の設置形態ごとに研修制度等が異なることを踏まえた取組の在り方や必要な支援措置についても考慮する必要がある。

(1)「一般免許状（仮称）」，「基礎免許状（仮称）」の創設と「専門免許状（仮称）」の創設
① 「一般免許状（仮称）」
○探究力，学び続ける力，教科や教職に関する高度な専門的知識，新たな学びを展開できる実践的指導力，同僚と協働して困難な課題に対応する力，地域との連携等を円滑に行えるコミュニケーション力を有し，教科指導，生徒指導，学級経営等を的確に実践できる力量を保証する，標準的な免許状である「一般免許状（仮称）」を創設する。
○「一般免許状（仮称）」は，学部4年に加え，1年から2年程度の修士レベルの課程（教職大学院，修士課程，又はこれらの内容に類する学修プログラム）での学修を標準とする。
○修士レベルの課程の修業年限については，大学制度との関係を見据えつつ詳細な制度設計の際に更に検討を行うことが必要である。
○これらの内容に類する学修プログラムは，①教育委員会と大学との連携・協働により運営するプログラム，②教職特別課程（教職に関する科目の単位を修得させるために大学が設置する修業年限を1年とする課程）の活用，③履修証明プログラムの活用等が考えられる。
○したがって，修士レベル化を進めるに当たっては，教職大学院，修士課程，これらの内容に類する学修プログラムを含む複数の方策を組み合わせて行うことが考えられる。
○カリキュラムは，学士課程における内容に加え，授業研究やケーススタディを中心とする実践力及び自己学習力育成プログラムを中心に展開し，具体的には，
・教職大学院における「学校における実習」を参考に，学校現場での実習をしながら，一定期間ごとに実習で

の取組を振り返る「理論と実践の往還を重視した探究的実践演習」により，新たな学びを展開できる実践的指導力，チームで課題に対応する力，地域と連携できるコミュニケーション力，教科指導，生徒指導，学級経営等を的確に実践できる力を身に付ける。
・「ICTの活用，特別支援教育，国際教育等新たな分野に関する知識・技能」，「児童生徒へのカウンセリング・相談技法」など近年の学校現場をとりまく状況を踏まえた高度な専門性も併せて身に付ける。

○修士レベルの養成体制の整備は，教職大学院，教員養成系の修士課程，教員養成系以外の国公私立大学の一般の修士課程を対象に今後検討する必要がある。その際，教職大学院，国立教員養成系の修士課程の設置数や入学定員が毎年の教員採用数に比べ，圧倒的に少なく，量的な整備をどのように進めるのか留意する必要がある。また，国公私立大学の一般の修士課程についても，カリキュラムや指導体制等大幅な改善が早急に必要と考えられる。

○なお，初任者研修は，教員養成を修士レベル化することに伴い，法律上の実施義務の在り方等について検討する。

② 「基礎免許状（仮称）」
○教職への使命感と教育的愛情を持ち，教科に関する専門的な知識・技能，教職に関する基礎的な知識・技能を保証する「基礎免許状（仮称）」を創設する。

○「基礎免許状（仮称）」は，学士課程修了レベルとし，早期に「一般免許状（仮称）」を取得することが期待される。
○カリキュラムについては，教科や教職に関する専門的知識の修得を中心に展開し，具体的には，
・「教職の意義等に関する理解」，学校ボランティアを含む「子どもと教育に関する幅広い体験」により，教員になることの魅力やすばらしさとともに厳しさを感じさせる体験を積む。
・「教科に関する専門的理解」を十分身に付ける。この際，教科の実際に即した内容とするため，「教科に関する科目」と「教職に関する科目」を架橋する内容を展開する。
・「教育の基礎理論に関する理解」に加え，「生徒指導，教育相談，進路指導」，「ICTの活用，特別支援教育等の現代的教育課題に関する基礎的素養」について学ぶ。
・「教育実習」を中心に，教員として実践的指導の基礎となる力を身に付けるとともに，「教職実践演習」で学部における学びを総括する。

③ 「専門免許状（仮称）」
○学校経営，生徒指導，進路指導，教科指導（教科ごと），特別支援教育，外国人児童生徒教育，情報教育等特定分野に関し，実践を積み重ね，更なる探究をすることにより，高い専門性を身に付けたことを証明する「専門免許状（仮称）」を創設する。複数分野の取得を可能にする。

○一定の経験年数を有する教員等で，大学

院レベルでの教育や，国が実施する研修，教育委員会と大学との連携による研修等により取得する。学位取得とはつなげないこととする。
○校内研修や近隣の学校との合同研修会等についても，要件を満たせば，取得単位の一部として，認定を可能とすることが考えられる。
○学校経営の分野については，管理職への登用条件の一つとすることについて，今後更なる検討が必要である。
(2)「一般免許状（仮称)」と「基礎免許状（仮称)」との関係
○「基礎免許状（仮称)」取得者が，「一般免許状（仮称)」を取得する段階について，採用との関係から，3つの類型に整理した。
（ⅰ）「一般免許状（仮称)」取得後に教員として採用。
（ⅱ）「基礎免許状（仮称)」を取得し，教員採用直後に初任者研修と連携・融合した修士レベルの課程の修了により「一般免許状（仮称)」を取得。
（ⅲ）「基礎免許状（仮称)」を取得し，教員採用後一定期間のうちに修士レベルの課程等での学修により，「一般免許状（仮称)」を取得。
○それぞれにメリット，デメリットがあり，地域の実情に応じた，様々な試行の積み重ねが必要である。
(4)教員免許更新制
○教員免許更新制については，10年経験者研修の法律上の実施義務の在り方との関係を含め，詳細な制度設計の際に更に検討を行うことが必要である。

Ⅲ．当面の改善方策〜教育委員会・学校と大学の連携・協働による高度化
1．基本的考え方
○大学における教員養成について，教育委員会，学校関係者からの信頼をより一層確立するため，課程認定大学は，教育委員会・学校との連携・協働をこれまで以上に深め，下記の改革に積極的に取り組む。
○修士レベル化に向け，修士レベルの課程の質と量の充実，教育委員会と大学との連携・協働による研修の充実等，ステップを踏みながら段階的に取組を推進する。そのうち，主要な取組は，教育振興基本計画に盛り込み，計画的に進める。
○修士レベルの教員養成の質と量の充実を図るため，修士課程等の教育内容・方法の改革を推進する仕組みを早急に構築する。
○「学び続ける教員像」を確立するため，教育委員会と大学との連携・協働により，現職研修プログラムを改善し，高度化する。
2．教員養成，採用から初任者の段階の改善方策
（学部における教員養成の充実）
○教科と教職の架橋の推進，全学的な体制の整備，個性化・機能別分化の推進，質保証の改革により，必要な資質能力の育成を徹底する。
（修士レベルの教員養成・体制の充実と改善）
○教職大学院制度の発展・拡充，実践

力向上の観点から修士課程のカリキュラム改革を推進するとともに，専修免許状の在り方を見直す。
(初任者研修の改善)
○教職大学院等との連携・融合により，初任者研修の高度化を図るとともに，長期的な新人教員支援システムを構築する。
(採用の在り方)
○選考方法を一層改善するとともに，30代，40代の積極的採用を推進する。

(1)国公私立大学の学部における教員養成の充実
○修士レベル化を想定しつつ，平成18年中央教育審議会答申も踏まえ，教員としての基礎的な資質能力を確実に育成するため，国公私を通じて学部における教員養成の改革を更に推進する。

①教員養成カリキュラムの改善
○修士レベル化の前提として，学部段階で，教職実践演習を中心に，必要な資質能力の育成を徹底することが重要である。
○修士レベル化への段階的な移行をめざして，修士レベルの課程への接続を念頭に置いたカリキュラムの開発や継続的な学校現場での実習・体験活動の在り方を検討するなど，改革を一層推進する。
○学校ボランティアや学校支援地域本部，児童館等での活動など，教育実習以外にも一定期間学校現場等での体験機会の充実を図る。その際，特にいじめ・暴力行為・不登校等生徒指導上の諸課題への対応について理解を深める活動

を重点的に行うことも考えられる。また，教員を強く志望する者に対し，学校への長期インターンシップなどの実施も考えられる。

②組織体制
○教職課程の担当教員については，当該研究分野における研究実績のほか，教員養成に対する関わり方についての明確な考え，実践的指導力育成への寄与の観点から，教員審査や教員評価を進める。実務経験者については，教職大学院を修了した現職教員等，指導者としてふさわしい教育研究実績を有する者の登用を促進する。
○各大学の強みを生かしながら大学を越えた連携を深め，多様かつ質の高い大学教育を提供することは，社会の多様な課題を解決に導く高度な人材を養成するために必要不可欠である。

　自らの強みや個性を生かした教員養成を推進するとともに，それに留まらず，大学が相互に連携し，地域や社会の要請に応える教員養成を進めるため，大学の特色や強みを生かした大学間連携や，教育課程の共同実施制度等を活用した教育システムを構築することにより，機能別分化を進め，更に質の高い教育を提供する。この場合，教職課程のプログラムとしての体系性が維持され，課程認定大学としての教員養成に対する責任を全うし，質の向上につながるよう，留意する必要がある。

③教職課程の質保証
○全ての課程認定大学について，教育の質向上及び社会に対する説明責任を果

たす観点から，教員養成の理念，養成する教員像，教職指導の体制，教員組織，カリキュラム，学生の教員免許状取得状況や教員就職率等，情報の公表を検討する。
○事後評価に関し，課程認定委員会による実地視察については，訪問校を増やすとともに，評価の観点についても，認定時の水準の維持向上が図られているかに加え，学生や卒業生からの聞き取り，学校や教育委員会の評価も加えるなど，更なる改善を図る。これに加え，教員養成教育の評価システムや大学間コンソーシアムを活用した相互評価システムの取組等新たな事後評価システムの構築を推進する。

(2) 修士レベルの教員養成・体制の充実と改善
○修士レベル化に向け，教職大学院や修士課程の教育の改革，新たな学びを展開できる実践力育成モデルの構築等，段階的な体制整備を着実に推進する。
○今後，国立教員養成系大学・学部及びこれに基礎を置く教育学研究科については，より一層，高度専門職業人としての教員養成へと役割を重点化していくことが求められる。

① 教職大学院の拡充
○教職大学院は，新しい学校づくりの有力な一員となり得る新人教員の養成，現職教員を対象としたスクールリーダーの養成の双方において，成果を上げつつあり，なお改革すべき点もあるものの，当初の目標として掲げられた「教職課程改善のモデル」としての役割を果たしつつある。

最初の設置から約5年を経過し，新たな学びに対応した教科指導力や教科専門の高度化を達成し得るカリキュラムの在り方，学校における実習を勤務に埋没させず，理論と実践の往還により理論に裏付けられた新たな教育実践を生み出していく方法の開発など，更に追求すべき課題も残されている。したがって，今後はこれまでの機能に加え，こうした機能を併せ持つ制度としていくことが求められる。
○今後は，これまでの教職大学院の成果を踏まえつつ，様々な学校現場のニーズにも対応できるよう，教職大学院の制度を発展・拡充させる。その際，共通に開設すべき授業科目の5領域について見直しを図り，学校現場での実践に資する教科教育を行うものや，グローバル化対応，特別支援教育，ICT活用，学校経営など特定分野の養成に特化するものも含め，教職大学院の制度に取り込んでいけるよう制度改正を行うべきである。また，現在，生徒指導に関する実践的指導力を育成するためのコース等を設けている教職大学院もあるが，いじめ・暴力行為・不登校等生徒指導上の諸課題は深刻な状況にあるため，さらに，事例やノウハウの集積を重点的に行い，生徒指導に関する教育研究の拠点となるよう更なる充実が望まれる。

② 国立教員養成系の修士課程の見直し
○こうした教職大学院制度の発展・拡充を図るに当たり，国立教員養成系大学・学部及びこれに基礎を置く教育学

研究科については，学校現場で求められている質の高い教員の養成をその最も重要な使命としていることに鑑みれば，今後，教職大学院を主体とした組織体制へと移行していくことが求められる。

④専修免許状の在り方の見直し（一定の実践的科目の必修化推進）

　○現在の専修免許状は，一種免許状を有する者が，教科又は教職に関する科目を大学院等において24単位以上修得することとされ，必ずしも実践的指導力の向上に結びつくものとなっていない。今後，教員免許状が，教員としての専門性を公的に保証し，可視化するものとして再構築していくためには，専修免許状の課程認定を受けている修士課程において，例えば，理論と実践の架橋を重視した実習ベースの科目を必修化するなどの取組を推進していく必要がある。また，「専門免許状（仮称）」で示した区分を参考に，修得した専門分野を記入できるようにするなど，専門性を明確化する。

⑤国公私立大学の学部・修士課程間，大学間の連携の推進

　○複雑化・高度化する教職への社会の要請に応えつつ，修士レベルでの養成規模の拡充を図っていくためには，学部・研究科や大学を越えた，様々なレベルでの柔軟かつ多様な連携体制を構築していくことが不可欠であり，例えば，次のような類型が考えられる。その際，今後の修士レベルの規模拡大の観点からすると，国立大学だけでなく，公私立大学についてもこうした多様な大学間連携により，修士レベルにおける教員養成において積極的な役割を担うことが期待される。

　　（ⅰ）国公私立大学の大学間連携による修士課程の設置
　　（ⅱ）教職大学院を中心とした他の国公私立大学の修士課程との連携
　　（ⅲ）国立教員養成系の教職大学院，修士課程間の連携
　　（ⅳ）総合大学内における教職大学院と他学部の修士課程との連携

(4)初任者研修の改善（採用直後の「一般免許状（仮称）」取得を想定した取組の推進）

　○修士レベルの教員養成カリキュラムを視野に，教職大学院等と連携・融合した初任者研修の在り方について，教育委員会と大学との連携・協働の取組を進め，初任段階の研修の高度化を図る。その際，地域によっては初任者が配属される学校が毎年異なるため，学校に初任者研修のノウハウが蓄積されず高度化が進みにくいなどの指摘がある。そのため，初任者研修の高度化の中核となる学校を教育委員会が指定し，初任者研修を重点的に行うことにより研修のノウハウの蓄積や体制の整備などを進めていくことも考えられる。

(5)教員採用の在り方

　○任命権者においては，教員としての適格性を有し，個性豊かで多様な人材を確保するため，選考方法の改善に努めているが，今後も，優秀で意欲のある人材を教員として確保するため更なる選考方法の改善に努めることが期待さ

れる。
○その際，例えば，受験者の身に付けた資質能力を採用側が適切に評価するための手法の開発や，大学での学習状況や教育実習の状況について採用選考の際の評価に反映する方法の検討などが考えられる。また，養成段階で長期インターンシップを経験した学生について，インターンシップ時の評価において，教員としての適性が認められると判断された場合の，採用選考実施方法について研究することも考えられる。さらに，理科について高い指導力を有する小学校教員の確保など，最近の学校現場の課題に対応した選考方法の改善を行うことも考えられる。

3. 現職段階及び管理職段階の研修等の改善方策

（現職段階）
○教育委員会と大学との連携・協働による現職研修のプログラム化・単位化や，講習の質向上など教員免許更新制の必要な見直しを推進する。
（管理職段階）
○マネジメント力を身に付けるための管理職としての職能開発のシステム化を推進する。

○教員個人に着目すると，養成の期間よりも，その後の教職生活の方が圧倒的に長いことから，現職段階における資質能力の向上方策について，どのように制度設計していくかはきわめて重要である。
　そのため，教育委員会と大学との連携・協働を推進し，養成段階で獲得した資質能力の保持・向上を図る。
○教育委員会は，「専門免許状（仮称）」を想定しつつ，教職生活全体を通じて学び続ける教員のための多様なキャリアプラン（系統立てた学びの方向性）の在り方を検討することが望まれる。

(1)現職研修等（教員免許更新制，10年経験者研修を含む）の改善

①国や任命権者が行う様々な研修の在り方
○教員免許更新制については，適切な規模を確保するとともに，必修領域の内容充実，受講者のニーズに応じた内容設定等講習の質を向上するなど，必要な見直しを推進する。なお，指導が不適切な教員については，指導改善研修の実施等が行われているところであり，引き続き，各教育委員会において適切に運用されることが期待される。

(2)管理職の資質能力の向上（「専門免許状（仮称）」を想定しつつ，管理職としての職能開発のシステム化）
○組織のトップリーダーとしての管理職の役割はきわめて重要である。マネジメントに長けた管理職を幅広く登用するため，教職大学院，国や都道府県の教員研修センター等の連携・協働による管理職，教育行政職員の育成システムの構築を推進する。この場合，管理職だけでなく，管理職候補者である主幹教諭を対象とした研修を重視する。

4. 教育委員会，大学等の関係機関の連携・協働
○これまで述べてきた取組を実効あるものとするためには，教育委員会，大学等の関係機関がそれぞれ責任を果たし

201

ながらその連携・協働により，教員の養成，継続的な学習に対する支援を行うことが重要である。その際，必要に応じ，首長部局，NPO，民間企業等との連携も考えられる。特に，教職大学院と教育委員会との連携・協働を率先して行い，他の具体的なモデルとなることが期待される。主な役割としては以下のことが考えられる。

- 管理職や教員に求められる資質能力を協働で明らかにすること。
- 実践的指導力を育成する教員養成カリキュラムを協働で開発すること。
- 教員養成段階の学習評価基準を協働で作成すること。
- 教育実習や学校現場体験の効果的な実施方法を検討すること。
- 大学と教育委員会，特に教職大学院と都道府県の教育センターとの一体的な体制を構築すること。
- 現職研修プログラムを協働で開発すること。
- 校内研修プログラムを協働で開発し，支援体制を構築すること。

5. 多様な人材の登用

○複雑・多様化する教育課題に対応するためには，教職に関する高度な専門性と実践的指導力を有する教員に加え，様々な社会経験と，特定分野に対する高度な知識・技能を有する多様な人材を教員として迎え，チームで対応していくことが重要である。今後，社会の中の多様なルートから教職を志すことができるための仕組みを検討する必要がある。

○ICTの活用やグローバル化に対応した教育など，新たな教育課題に対応するには，社会人経験者をはじめ当該分野に関する知見を有する外部人材を幅広く登用することも必要である。特別免許状や特別非常勤講師制度の活用等により，こうした取組を一層推進する。

6. グローバル化への対応

○グローバル化に対応した人材育成が求められる中，教員自身もグローバルなものの見方や考え方などを身に付ける必要がある。このため，例えば教職課程を置く大学において，教職課程の質の維持・向上を図りつつ，要件を満たせば学生が海外に留学した際に取得した単位を教職課程に係る単位として認めていくことなどにより，教員を志望する学生の海外留学を促進していく必要がある。

○小学校教諭の教職課程においても，学習指導要領に対応した外国語教育に関する内容について，さらに充実を図る必要がある。

7. 特別支援教育の専門性向上

○特別支援学校における特別支援学校教諭免許状（当該障害種又は自立教科の免許状）取得率は約7割であり，特別支援学校における教育の質向上の観点から，取得率の向上が必要である。このため，養成，採用においては，その取得について留意する。特に現職教員については，免許法認定講習の受講促進等の取組を進める。

8. 学校が魅力ある職場となるための支援

○今後とも教員に優れた人材が得られる

よう，また，一人一人の教員が教職へのモチベーションを持ち続け，専門職としてふさわしい活躍ができるよう，これまで述べてきた教員の資質能力向上方策とともに，教職や学校が魅力ある職業，職場となるようにすることが重要である。そのため，修士レベル化に伴う教員の給与等の処遇の在り方について検討するとともに，教職員配置，学校の施設，設備等引き続き教育条件の整備を進める。あわせて，教員が職務上の悩みなどについて相談できるような学校の雰囲気づくりや教員のサポート体制を充実することが必要である。また，新たな教育理念を実現するため，校舎づくりの段階から教育委員会と大学とが連携し，学校現場の課題解決や教員同士が学び合う環境づくりに成果を上げている例もあり，このような工夫を促進することも重要である。

9. 改善を進める上で留意すべき事項
○これまで，大学によっては養成すべき教員像を具体的に明示したり，教育委員会においても，教員採用選考の際，求める教員像を示しているが，関係者が合意できる，専門性向上のための基準が十分に整備されてこなかった。今後，教員養成関係の団体においては，教職生活の各段階で求められる資質能力について，更に整理し，教員養成や研修プログラム策定の際の参考となる，教員の専門性向上のための専門職基準策定に向けた検討を進めることが求められる。
○これまで，教員の資質能力向上のため，様々な施策が行われてきたが，今後，各施策について不断に検証を行い，検証結果に基づき取組を進めていくことが必要である。

16　社会教育法（抄）

(2008〔平成20〕年6月11日　法律第59号)

第1章　総則

（この法律の目的）

第1条　この法律は，教育基本法（平成18年法律第120号）の精神に則り，社会教育に関する国及び地方公共団体の任務を明らかにすることを目的とする。

（社会教育の定義）

第2条　この法律で「社会教育」とは，学校教育法（昭和22年法律第26号）に基き，学校の教育課程として行われる教育活動を除き，主として青少年及び成人に対して行われる組織的な教育活動（体育及びレクリエーションの活動を含む。）をいう。

（国及び地方公共団体の任務）

第3条　国及び地方公共団体は，この法律及び他の法令の定めるところにより，社会教育の奨励に必要な施設の設置及び運

営，集会の開催，資料の作製，頒布その他の方法により，すべての国民があらゆる機会，あらゆる場所を利用して，自ら実際生活に即する文化的教養を高め得るような環境を醸成するように努めなければならない。
2　国及び地方公共団体は，前項の任務を行うに当たつては，国民の学習に対する多様な需要を踏まえ，これに適切に対応するために必要な学習の機会の提供及びその奨励を行うことにより，生涯学習の振興に寄与することとなるよう努めるものとする。
3　国及び地方公共団体は，第一項の任務を行うに当たつては，社会教育が学校教育及び家庭教育との密接な関連性を有することにかんがみ，学校教育との連携の確保に努め，及び家庭教育の向上に資することとなるよう必要な配慮をするとともに，学校，家庭及び地域住民その他の関係者相互間の連携及び協力の促進に資することとなるよう努めるものとする。

（市町村の教育委員会の事務）

第5条　市（特別区を含む。以下同じ。）町村の教育委員会は，社会教育に関し，当該地方の必要に応じ，予算の範囲内において，次の事務を行う。
　一　社会教育に必要な援助を行うこと。
　二　社会教育委員の委嘱に関すること。
　三　公民館の設置及び管理に関すること。
　四　所管に属する図書館，博物館，青年の家その他の社会教育施設の設置及び管理に関すること。
　五　所管に属する学校の行う社会教育のための講座の開設及びその奨励に関すること。
　六　講座の開設及び討論会，講習会，講演会，展示会その他の集会の開催並びにこれらの奨励に関すること。
　七　家庭教育に関する学習の機会を提供するための講座の開設及び集会の開催並びに家庭教育に関する情報の提供並びにこれらの奨励に関すること。
　八　職業教育及び産業に関する科学技術指導のための集会の開催並びにその奨励に関すること。
　九　生活の科学化の指導のための集会の開催及びその奨励に関すること。
　十　情報化の進展に対応して情報の収集及び利用を円滑かつ適性に行うために必要な知識又は技能に関する学習の機会を提供するための講座の開設及び集会の開催並びにこれらの奨励に関すること。
　十一　運動会，競技会その他体育指導のための集会の開催及びその奨励に関すること。
　十二　音楽，演劇，美術その他芸術の発表会等の開催及びその奨励に関すること。
　十三　主として学齢児童及び学齢生徒（それぞれ学校教育法第18条に規定する学齢児童及び学齢生徒をいう。）に対し，学校の授業の終了後又は休業日において学校，社会教育施設その他適切な施設を利用して行う学習その他の活動の機会を提供する事業の実施並びにその奨励に関すること。
　十四　青少年に対しボランティア活動など社会奉仕体験活動，自然体験活動そ

の他の体験活動の機会を提供する事業の実施及びその奨励に関すること。
十五　社会教育における学習の機会を利用して行つた学習の成果を活用して学校，社会教育施設その他地域において行う教育活動その他の活動の機会を提供する事業の実施及びその奨励に関すること。
十六　社会教育に関する情報の収集，整理及び提供に関すること。
十七　視聴覚教育，体育及びレクリエーションに必要な設備，器材及び資料の提供に関すること。
十八　情報の交換及び調査研究に関すること。
十九　その他第3条第1項の任務を達成するために必要な事務
（都道府県の教育委員会の事務）
第6条　都道府県の教育委員会は，社会教育に関し，当該地方の必要に応じ，予算の範囲内において，前条各号の事務（第3号の事務を除く。）を行うほか，次の事務を行う。
一　公民館及び図書館の設置及び管理に関し，必要な指導及び調査を行うこと。
二　社会教育を行う者の研修に必要な施設の設置及び運営，講習会の開催，資料の配布等に関すること。
三　社会教育施設の設置及び運営に必要な物資の提供及びそのあつせんに関すること。
四　市町村の教育委員会との連絡に関すること。
五　その他法令によりその職務権限に属する事項

（図書館及び博物館）
第9条　図書館及び博物館は，社会教育のための機関とする。
2　図書館及び博物館に関し必要な事項は，別に法律をもつて定める。
第2章　社会教育主事及び社会教育主事補
（社会教育主事及び社会教育主事補の設置）
第9条の2　都道府県及び市町村の教育委員会の事務局に，社会教育主事を置く。
②都道府県及び市町村の教育委員会の事務局に，社会教育主事補を置くことができる。
（社会教育主事及び社会教育主事補の職務）
第9条の3　社会教育主事は，社会教育を行う者に専門的技術的な助言と指導を与える。ただし，命令及び監督をしてはならない。
②社会教育主事は，学校が社会教育関係団体，地域住民その他の関係者の協力を得て教育活動を行う場合には，その求めに応じて，必要な助言を行うことができる。
③社会教育主事補は，社会教育主事の職務を助ける。
（社会教育主事の資格）
第9条の4　次の各号のいずれかに該当する者は，社会教育主事となる資格を有する。
①大学に2年以上在学して62単位以上を修得し，又は高等専門学校を卒業し，かつ，次に掲げる期間を通算した期間が3年以上になる者で，次条の規定による社会教育主事の講習を修了したもの
　イ　社会教育主事補の職にあつた期間

ロ　官公署、学校、社会教育施設又は社会教育関係団体における職で司書、学芸員その他の社会教育主事補の職と同等以上の職として文部科学大臣の指定するものにあつた期間
　ハ　官公署、学校、社会教育施設又は社会教育関係団体が実施する社会教育に関係のある事業における業務であつて、社会教育主事として必要な知識又は技能の習得に資するものとして文部科学大臣が指定するものに従事した期間（イ又はロに掲げる期間に該当する期間を除く。）

17　生涯学習の振興のための施策の推進体制等の整備に関する法律（抄）

（1990〔平成2〕年6月29日　法律第71号）

（目的）
第1条　この法律は、国民が生涯にわたって学習する機会があまねく求められている状況にかんがみ、生涯学習の振興に資するための都道府県の事業に関しその推進体制の整備その他の必要な事項を定め、及び特定の地区において生涯学習に係る機会の総合的な提供を促進するための措置について定めるとともに、都道府県生涯学習審議会の事務について定める等の措置を講ずることにより、生涯学習の振興のための施策の推進体制及び地域における生涯学習に係る機会の整備を図り、もって生涯学習の振興に寄与することを目的とする。

（生涯学習の振興に資するための都道府県の事業）
第3条　都道府県の教育委員会は、生涯学習の振興に資するため、おおむね次の各号に掲げる事業について、これらを相互に連携させつつ推進するために必要な体制の整備を図りつつ、これらを一体的かつ効果的に実施するよう努めるものとする。
　一　学校教育及び社会教育に係る学習（体育に係るものを含む。以下この項において「学習」という。）並びに文化活動の機会に関する情報を収集し、整理し、及び提供すること。
　二　住民の学習に対する需要及び学習の成果の評価に関し、調査研究を行うこと。
　三　地域の実情に即した学習の方法の開発を行うこと。
　四　住民の学習に関する指導者及び助言者に対する研修を行うこと。
　五　地域における学校教育、社会教育及び文化に関する機関及び団体に対し、これらの機関及び団体相互の連携に関し、照会及び相談に応じ、並びに助言その他の援助を行うこと。
　六　前各号に掲げるもののほか、社会教育

のための講座の開設その他の住民の学習の機会の提供に関し必要な事業を行うこと。

2　都道府県の教育委員会は，前項に規定する事業を行うに当たっては，社会教育関係団体その他の地域において生涯学習に資する事業を行う機関及び団体との連携に努めるものとする。

（都道府県生涯学習審議会）

第10条　都道府県に，都道府県生涯学習審議会（以下「都道府県審議会」という。）を置くことができる。

2　都道府県審議会は，都道府県の教育委員会又は知事の諮問に応じ，当該都道府県の処理する事務に関し，生涯学習に資するための施策の総合的な推進に関する重要事項を調査審議する。

3　都道府県審議会は，前項に規定する事項に関し必要と認める事項を当該都道府県の教育委員会又は知事に建議することができる。

4　前3項に定めるもののほか，都道府県審議会の組織及び運営に関し必要な事項は，条例で定める。

（市町村の連携協力体制）

第11条　市町村（特別区を含む。）は，生涯学習の振興に資するため，関係機関及び関係団体等との連携協力体制の整備に努めるものとする。

著者紹介

川野辺　敏（かわのべ・さとし）

　1930年埼玉県生まれ。国立教育政策研究所名誉所員，星槎大学特任教授。1953年東京外国語大学ロシア語学科卒業。文部省（課長補佐を経て），1973年国立教育研究所比較教育研究室長，指導普及部長，生涯学習研究部長。1996年常葉学園大学教授・大学院国際教育専攻長。2004年星槎大学副学長を経て，現在に至る。(現)日本教材学会会長，民間教育研究所連盟委員長，全国教育研究所連盟副委員長，ロシア・ソビエト教育研究会代表。(元)日本比較教育学会会長，日本学習社会学会会長。この間，東京大学（学部・大学院），筑波大学・広島大学・慶応大学（各大学院），日本女子大学等で非常勤講師。

白鳥　絢也（しらとり・じゅんや）

　1976年静岡県生まれ。星槎大学大学院教育学研究科教育学専攻（修士課程）准教授。常葉学園大学大学院国際言語文化研究科国際教育専攻（修士課程）修了。愛知淑徳大学大学院コミュニケーション研究科異文化コミュニケーション専攻（博士後期課程）単位取得退学。小学校教員，横浜国際福祉専門学校非常勤講師，近畿大学豊岡短期大学非常勤講師，星槎大学専任講師を経て現在に至る。

教師論——共生社会へ向けての教師像

2013年9月20日　初版第1刷発行
2016年2月5日　　　　第3刷発行

著　者　　川野辺 敏・白鳥 絢也
発行者　　石井 昭男
発行所　　福村出版株式会社
〒113-0034　東京都文京区湯島2-14-11
電話　03-5812-9702　FAX　03-5812-9705
http://www.fukumura.co.jp

印刷　モリモト印刷株式会社
製本　協栄製本株式会社

© S. Kawanobe, J. Shiratori　2013
Printed in Japan
ISBN978-4-571-10166-3
乱丁本・落丁本はお取替え致します。
定価はカバーに表示してあります。

福村出版◆好評図書

千葉大学教育学部附属教員養成開発センター 編集
教育の最新事情〔第3版〕
●教員免許状更新講習テキスト

◎2,000円　ISBN978-4-571-10164-9　C3037

教員免許状更新講習テキスト最新改訂版。特別支援教育・被害（災）者支援・教育改革の動向等最新情報を解説。

藤田主一・楠本恭久 編著
教職をめざす人のための教育心理学

◎2,200円　ISBN978-4-571-20071-7　C3011

教職をめざす人のための「教育心理学」に関する基本的テキスト。教育心理学の最新情報が満載の必読書。

小笠原道雄・伴野昌弘・渡邉満 編
教育的思考の作法①
教　職　概　論

◎2,600円　ISBN978-4-571-10141-0　C3037

教職に欠かせない自ら思考する作法を伝授。新時代に求められる教育の歴史，制度，哲学等を多角的に解説。

小笠原道雄・森川直・坂越正樹 編
教育的思考の作法②
教　育　学　概　論

◎2,800円　ISBN978-4-571-10140-3　C3037

環境教育，平和教育，報道と教育問題など，今後の重要テーマを解説。激変する社会に対応した新しい概説書。

沼田裕之・増渕幸男 編著
教 育 学 21 の 問 い

◎2,800円　ISBN978-4-571-10148-9　C3037

現代日本教育のあるべき姿を，教育の理想や価値という規範にかかわる21の「問い」で考え，模索する。

佐々木正治 編著
新 教 育 原 理・教 師 論

◎2,200円　ISBN978-4-571-10139-7　C3037

いじめや学級崩壊など，複雑化する教職の現場を踏まえ，従来の知見に現代的課題を組み込んだ新しい教師論。

川野辺敏・立田慶裕 編著
生　涯　学　習　論

◎2,600円　ISBN978-4-571-10122-9　C3037

生涯学習の本質を学ぶことを基本とし，人の生涯にわたる学習，それを支える学習施設や政策を柱として構成。

◎価格は本体価格です。